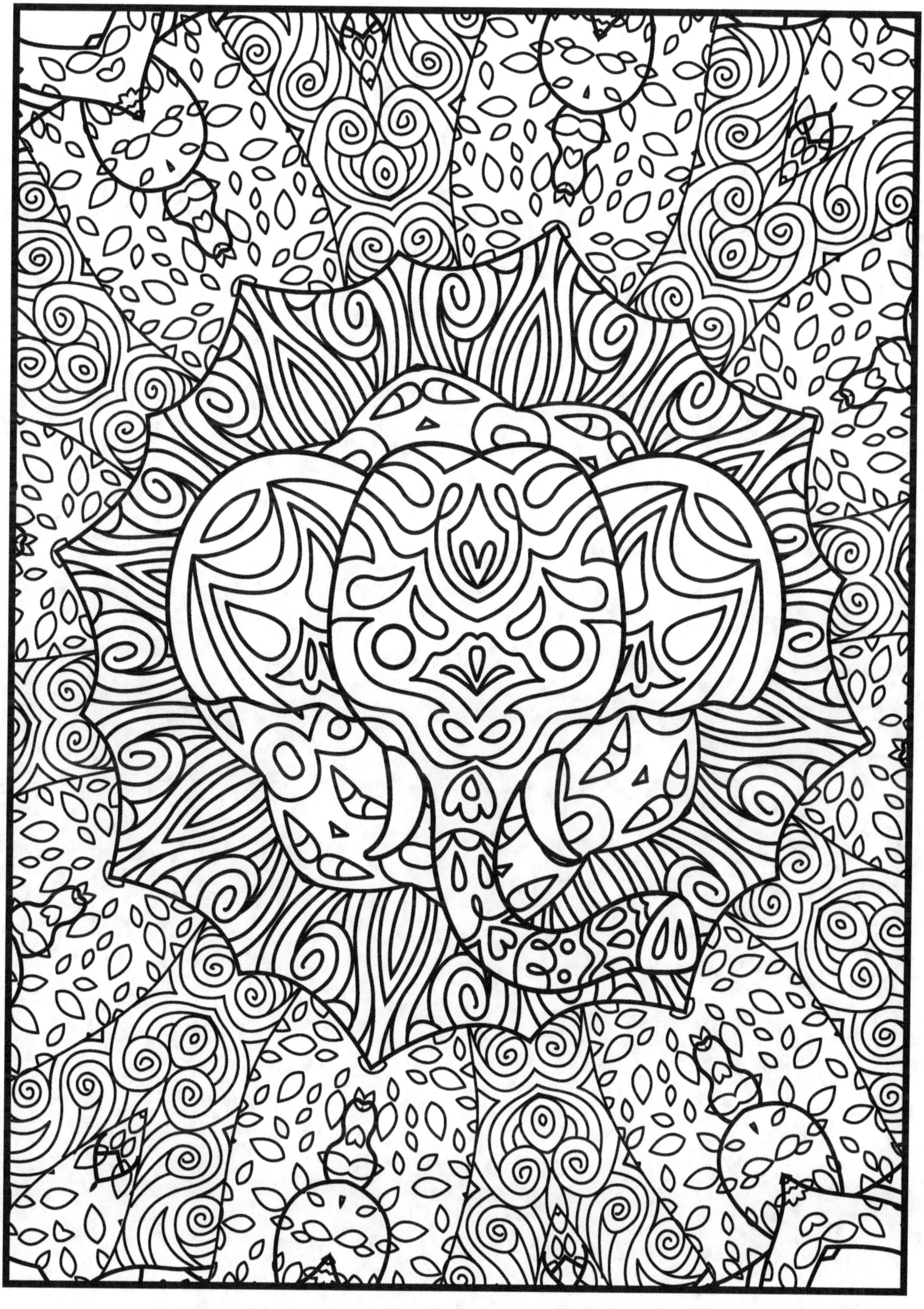

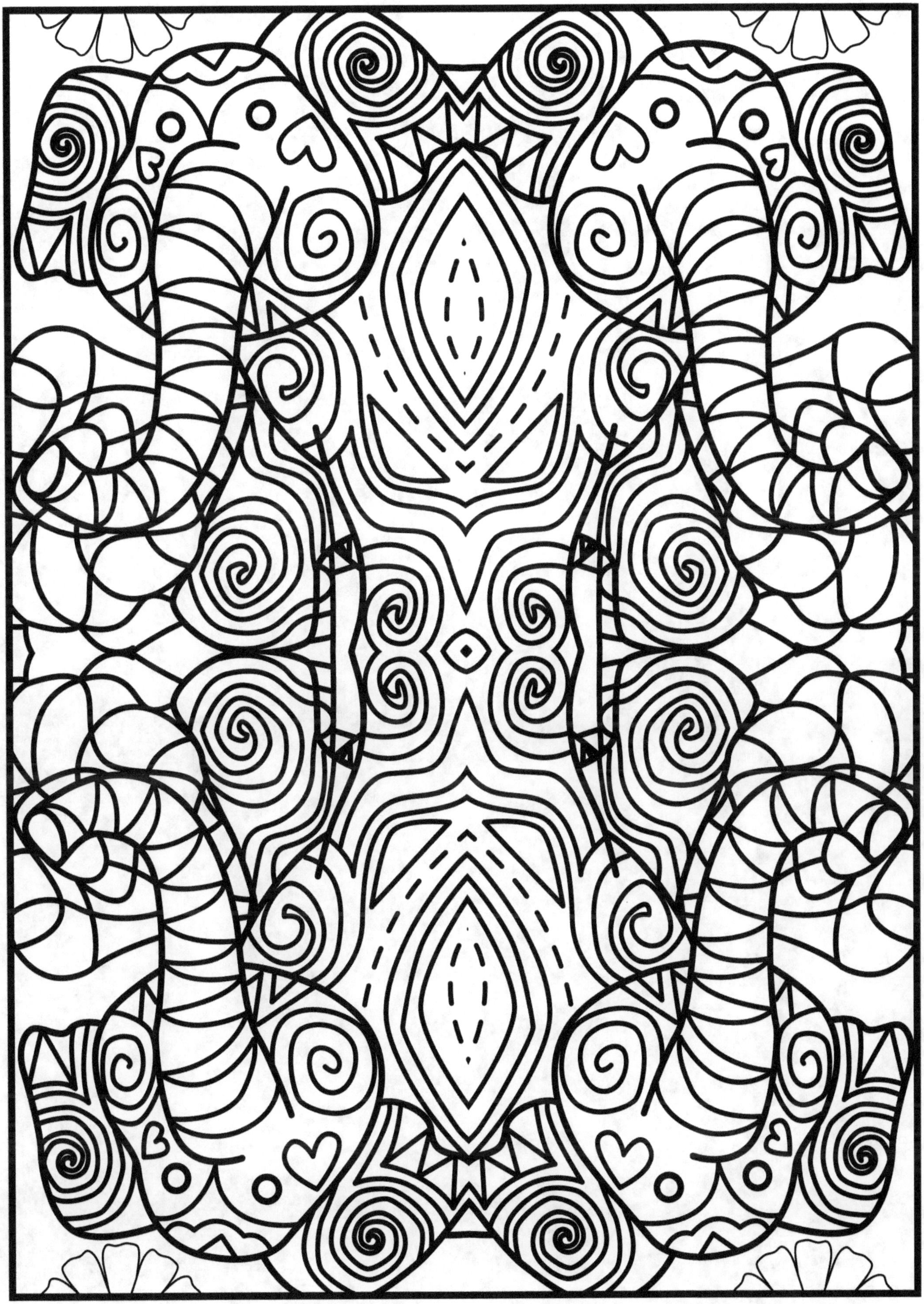

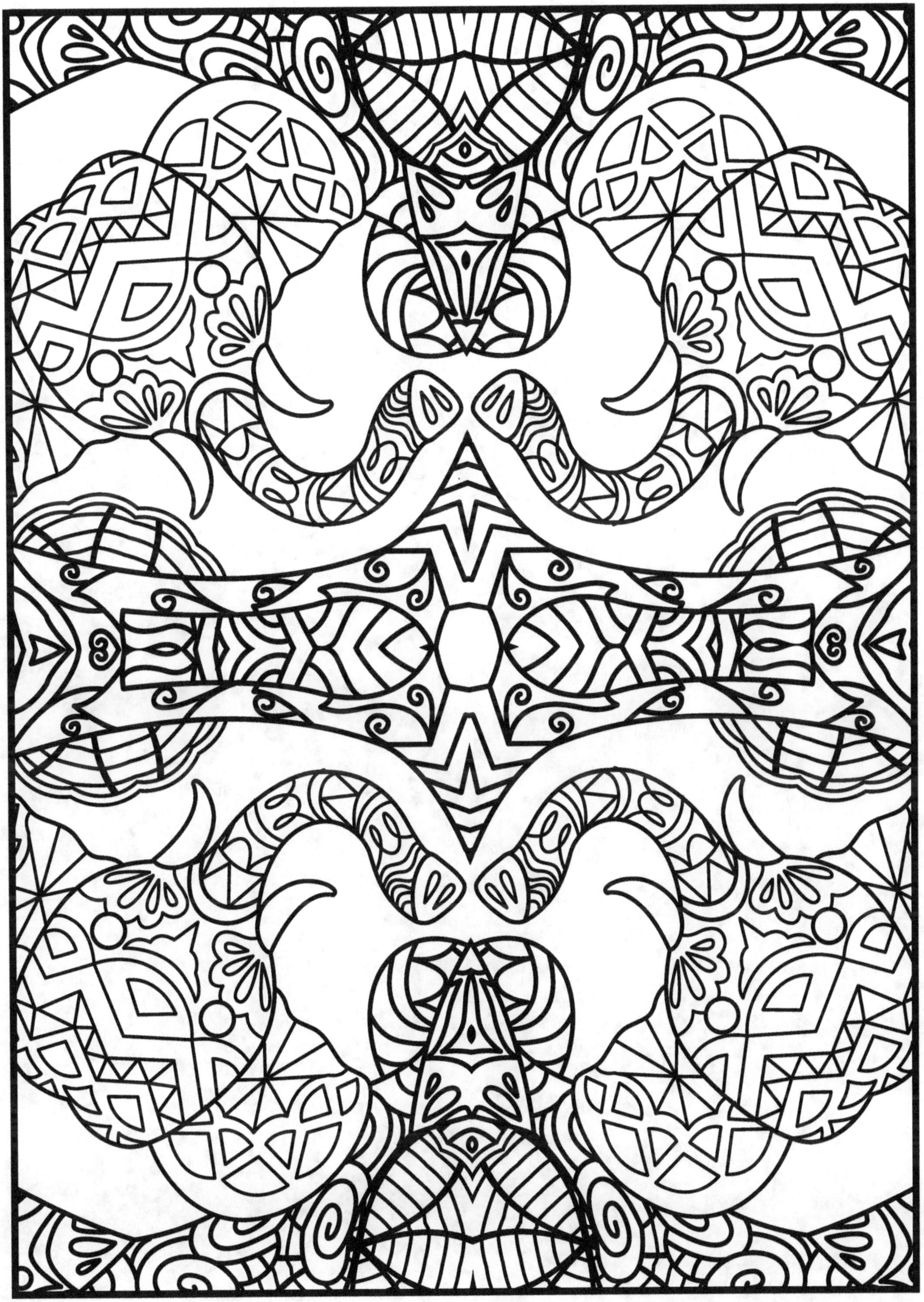

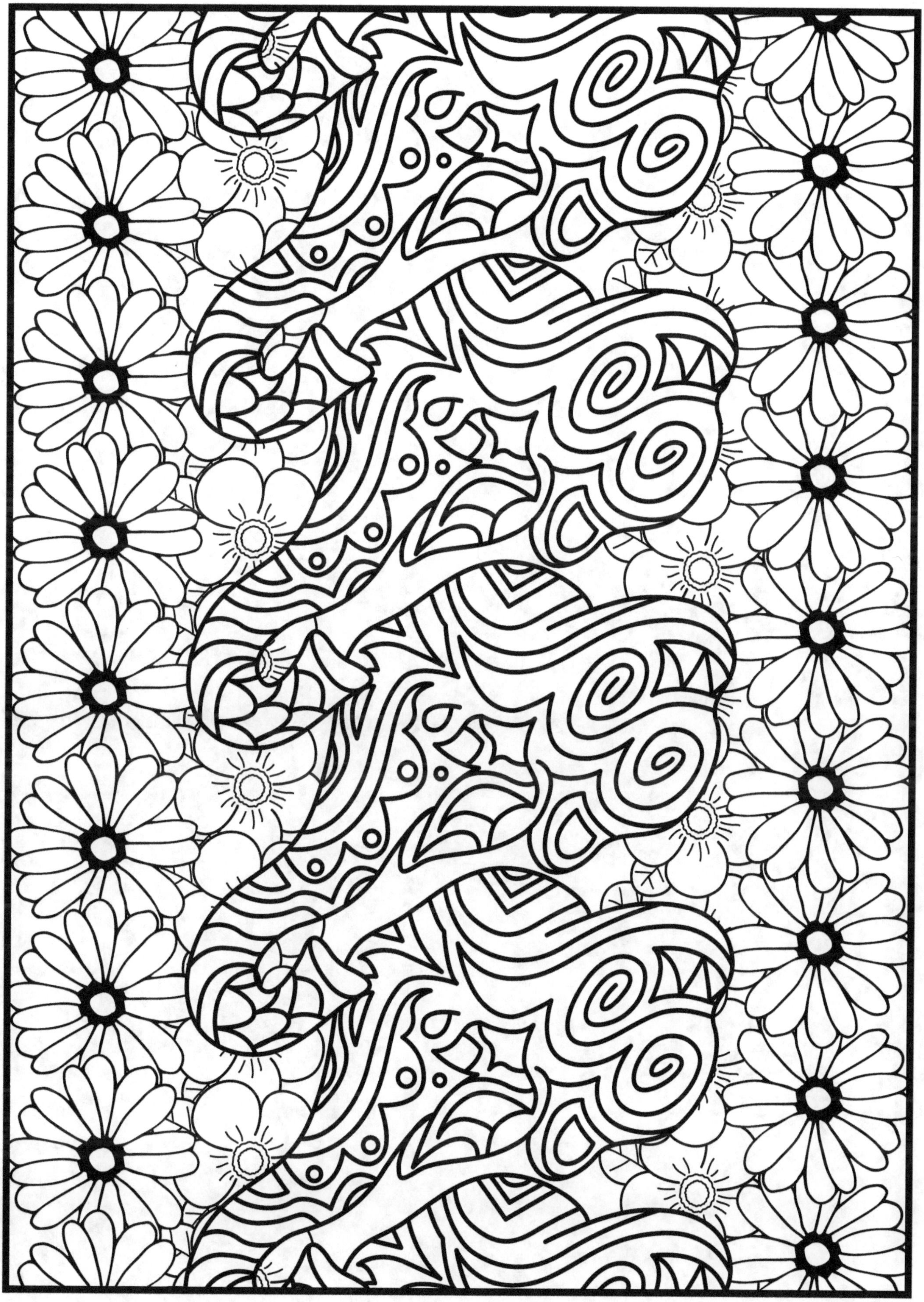

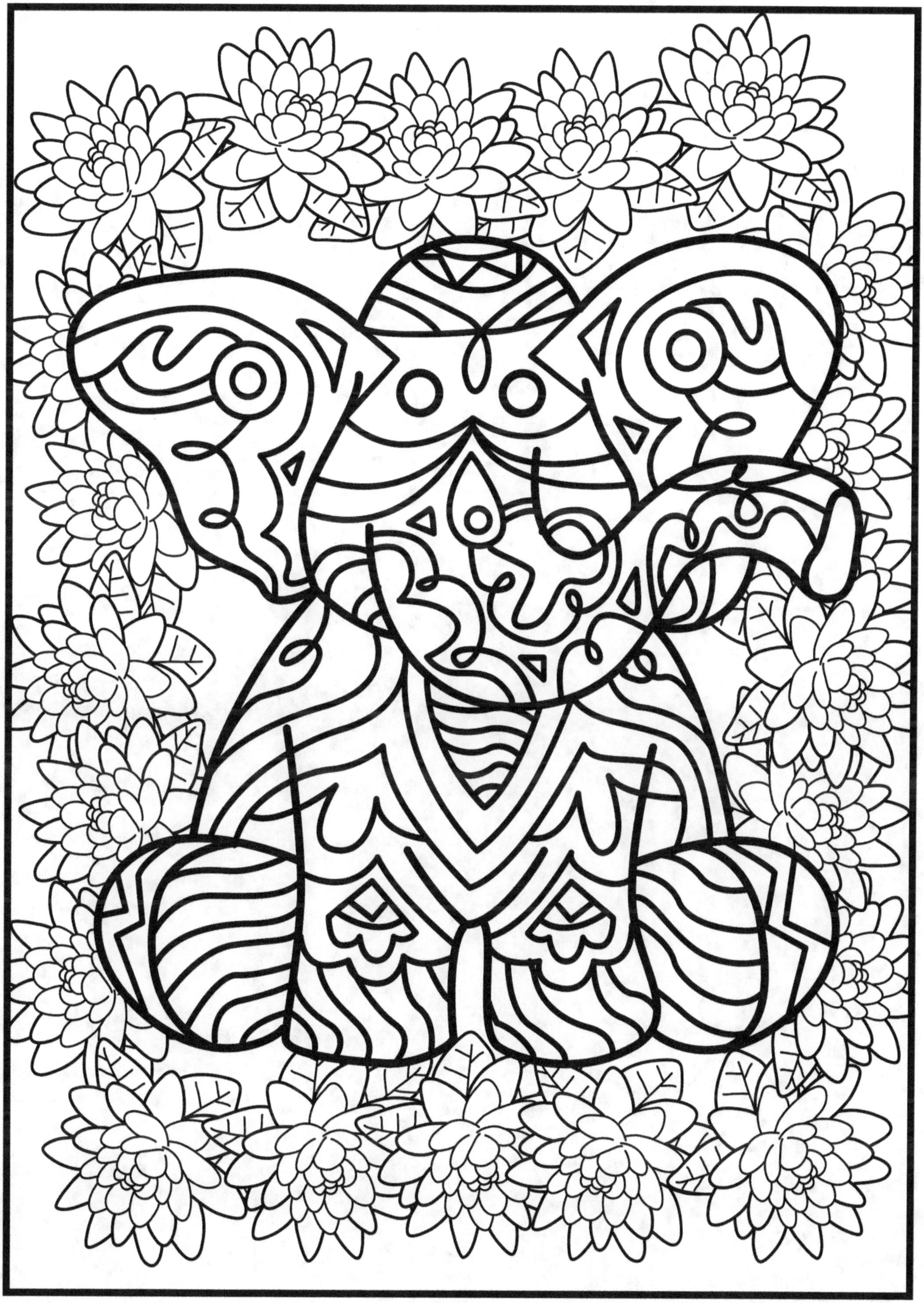

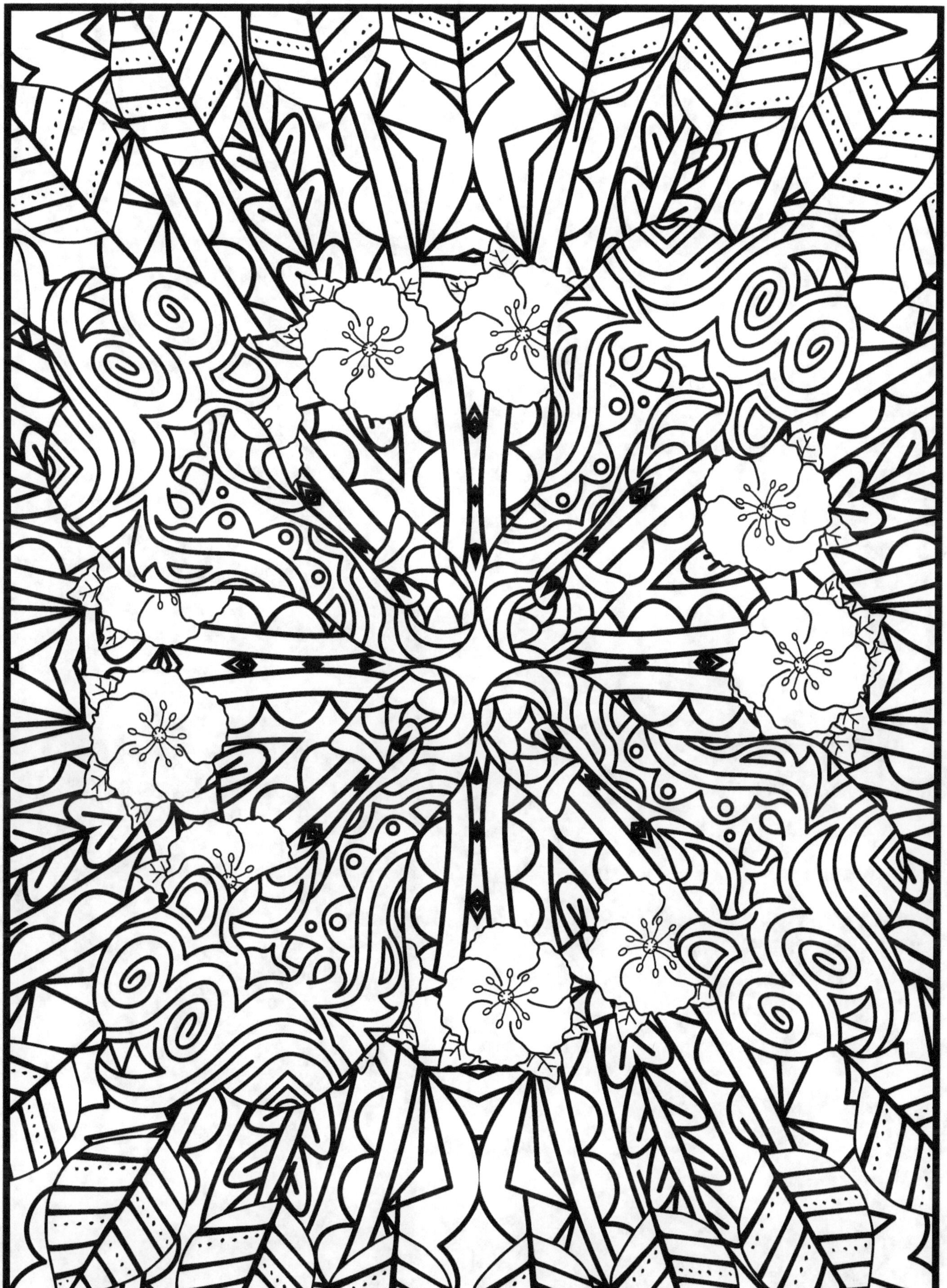

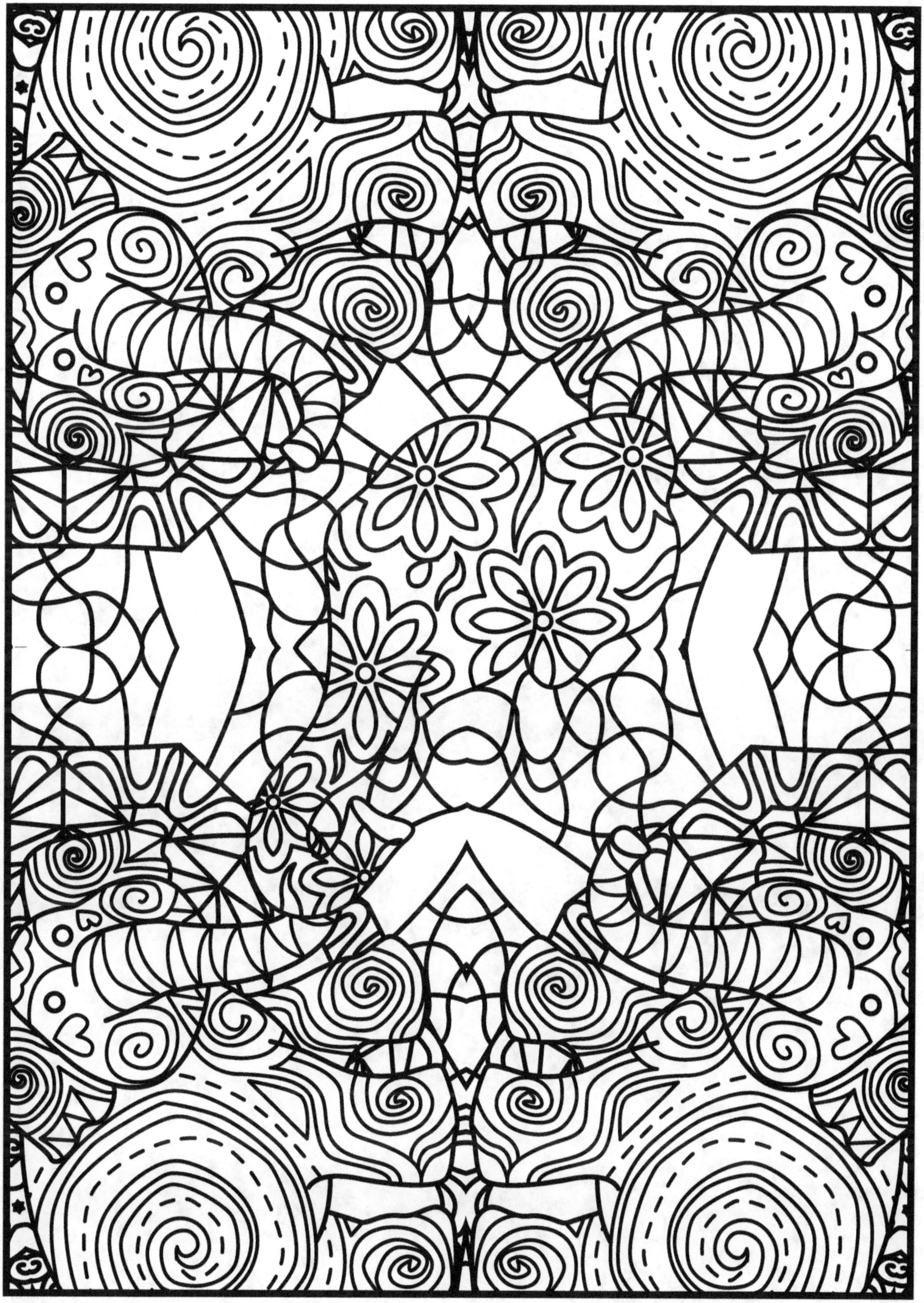

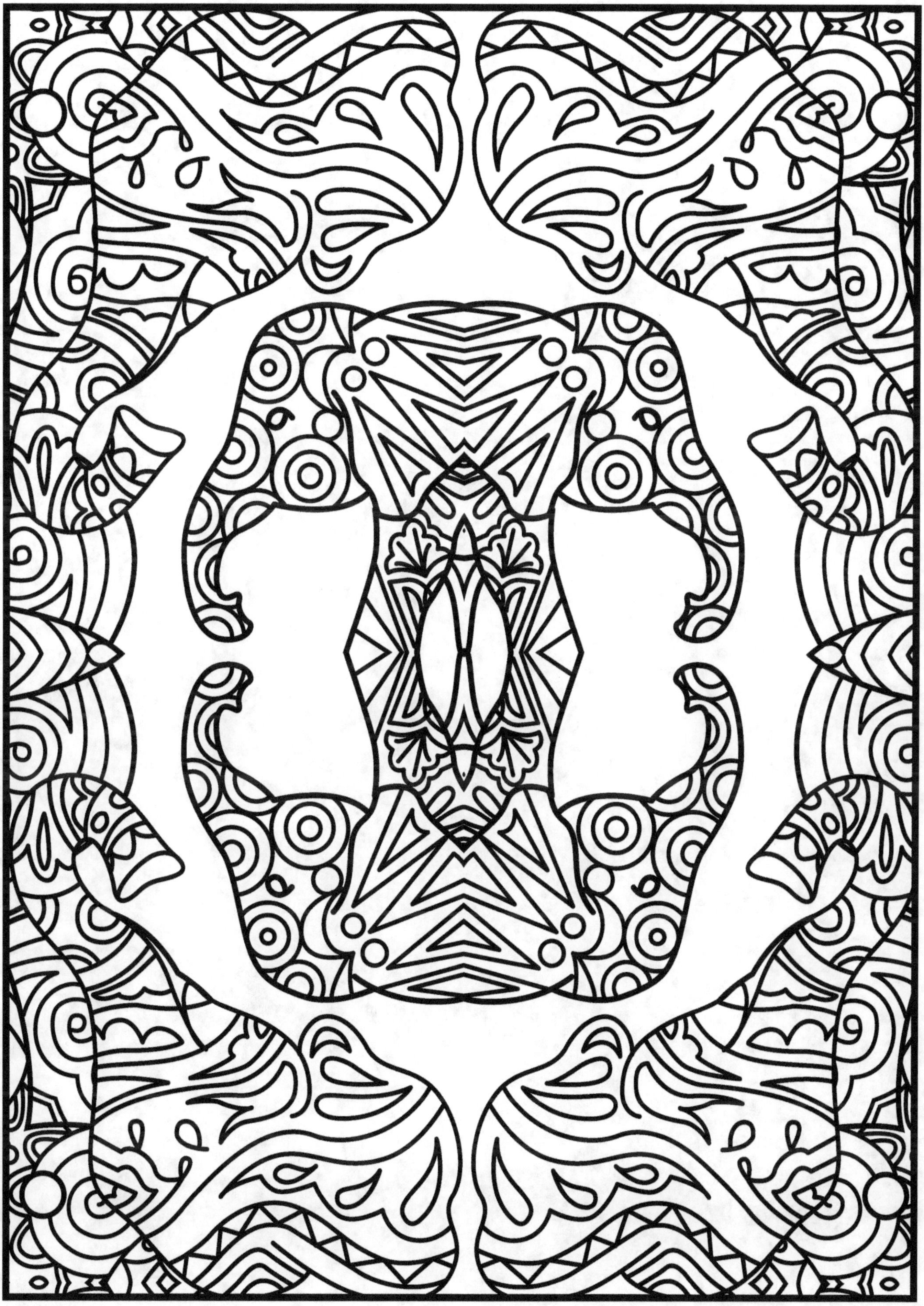

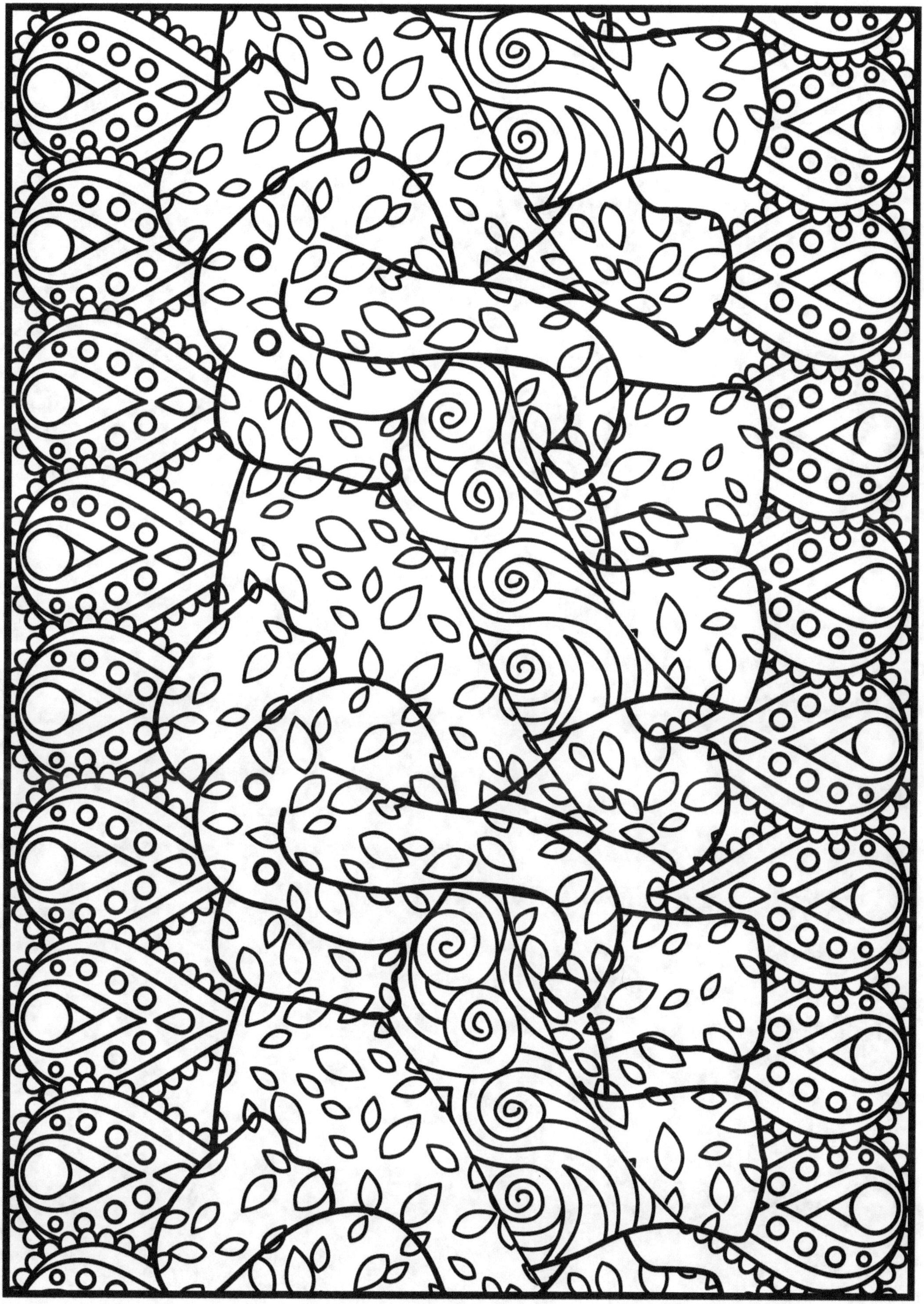

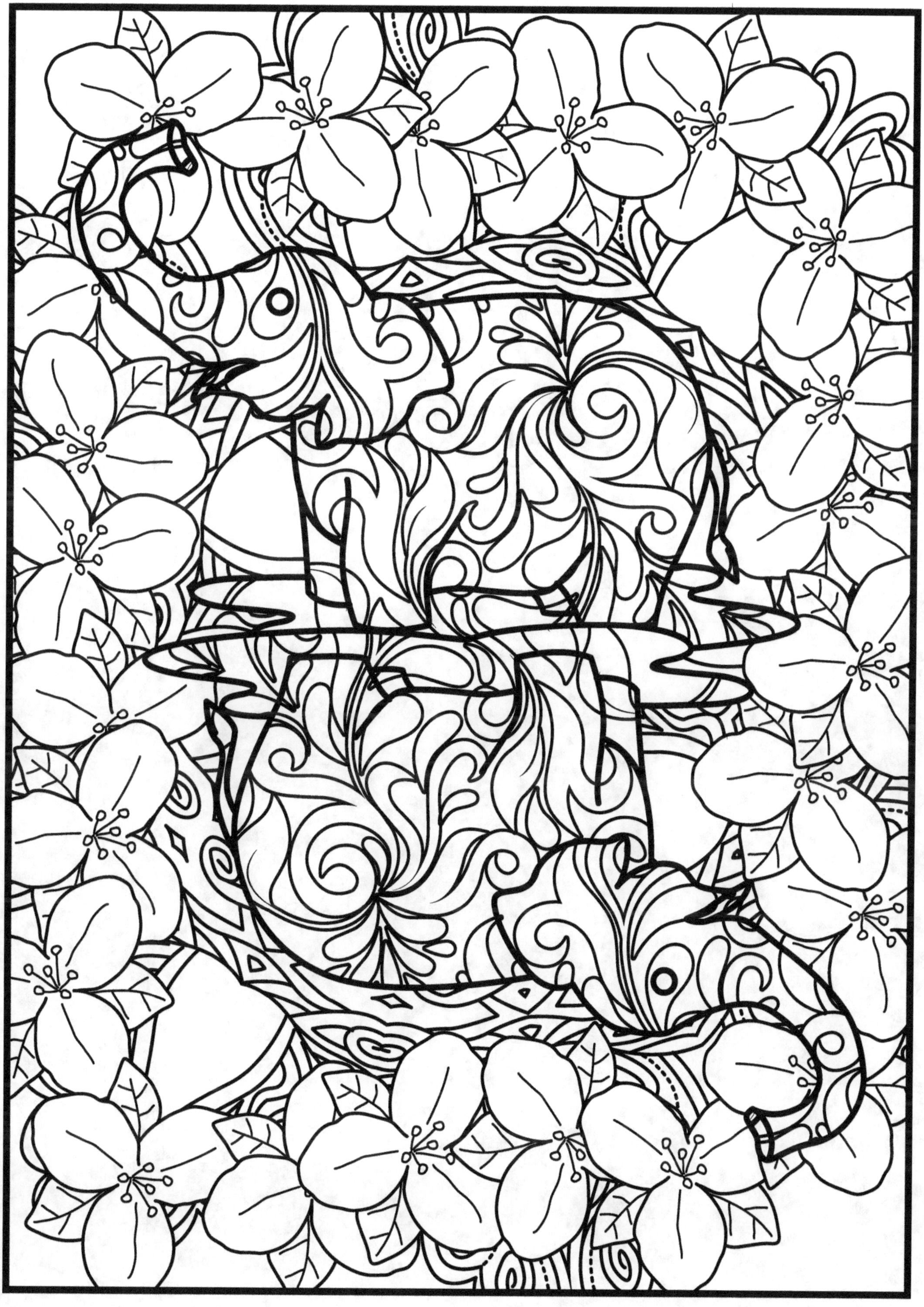

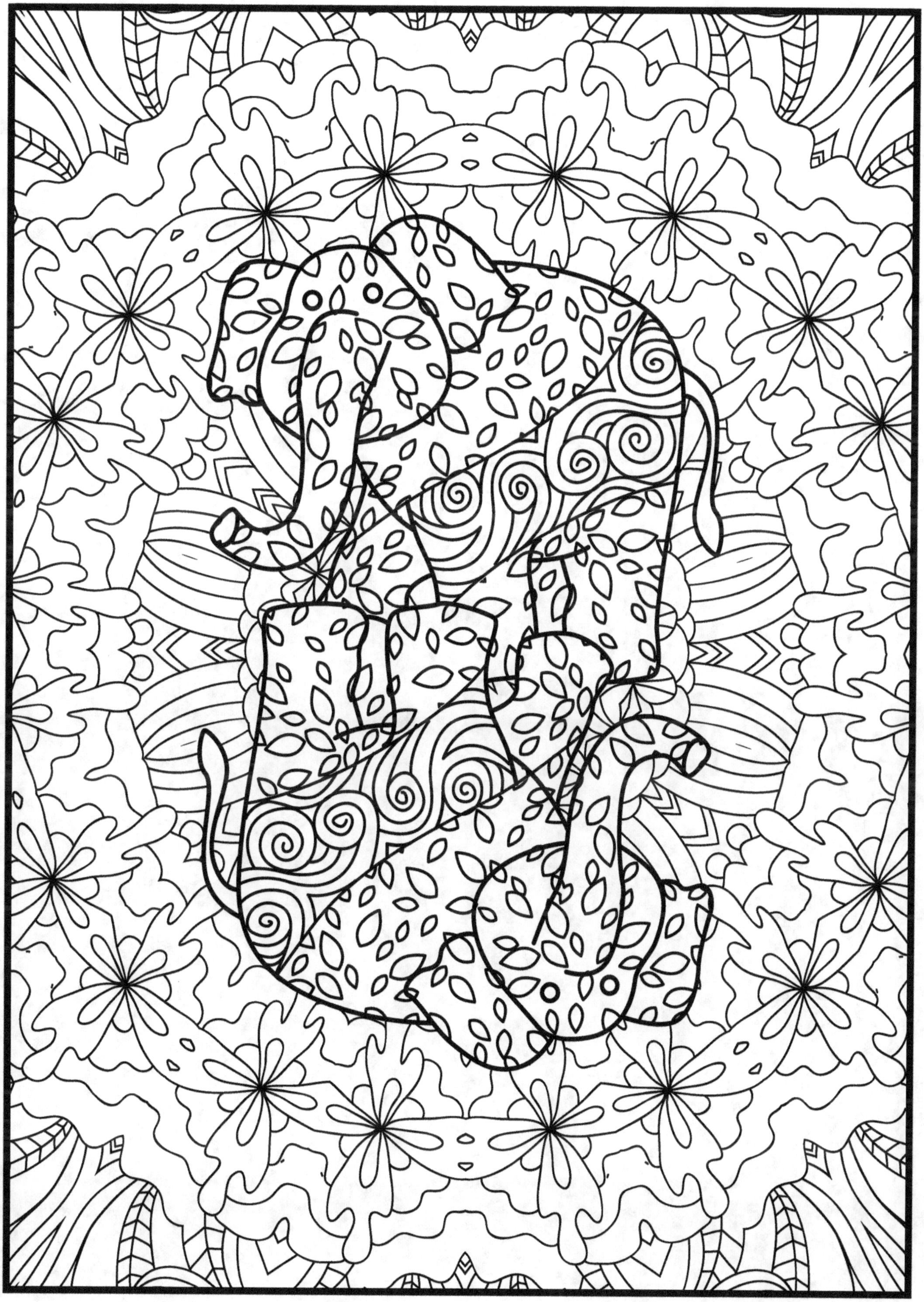

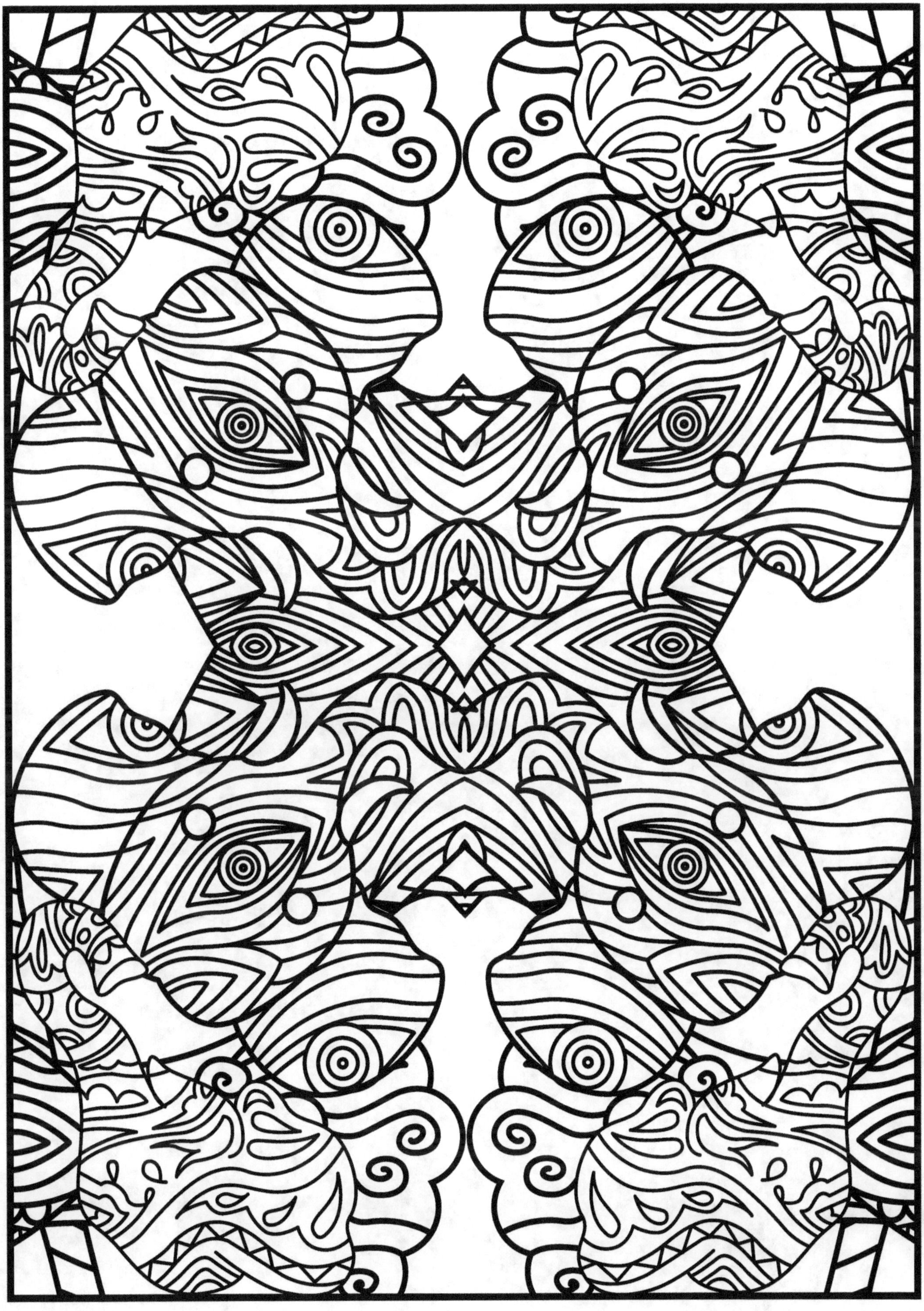

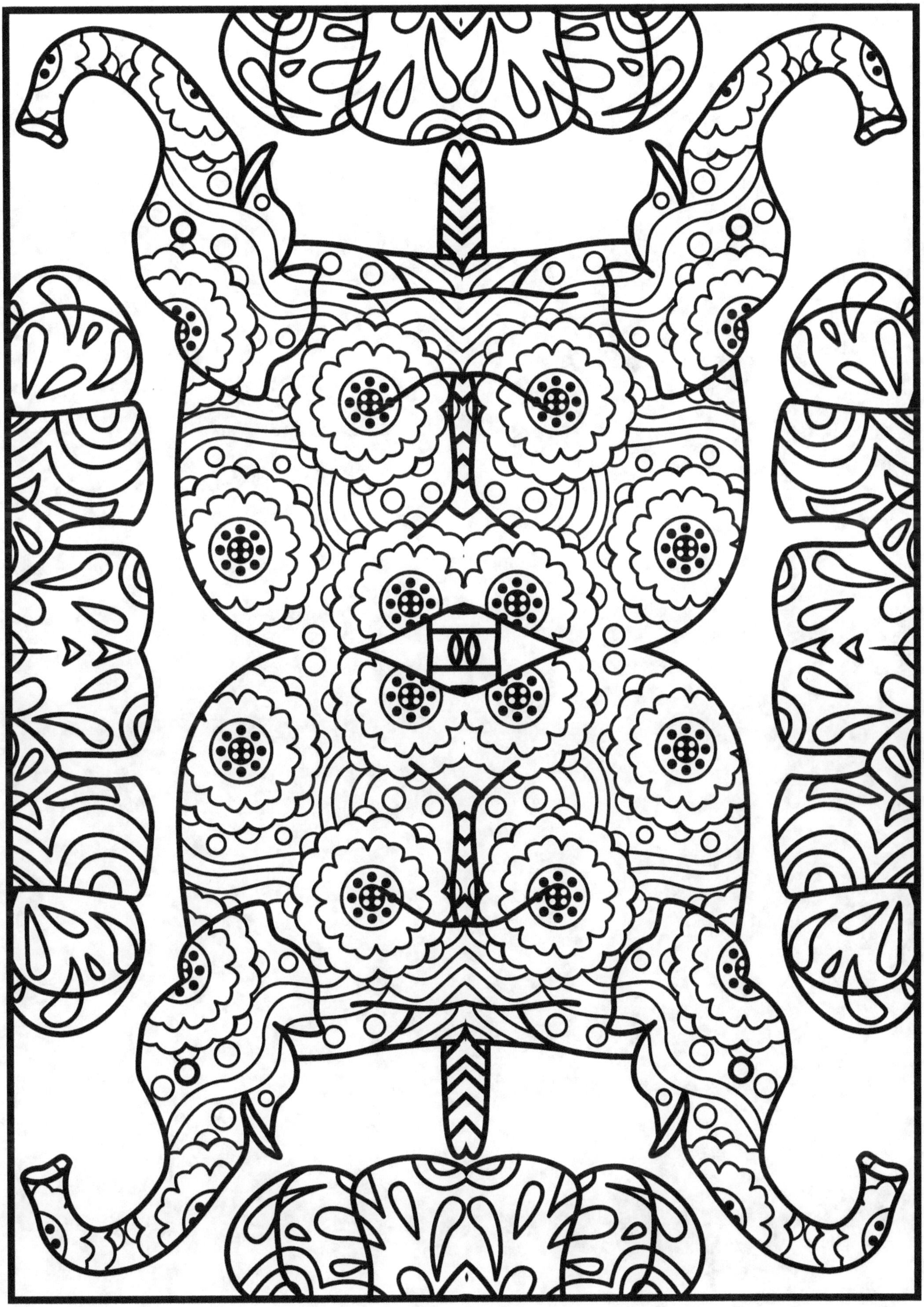

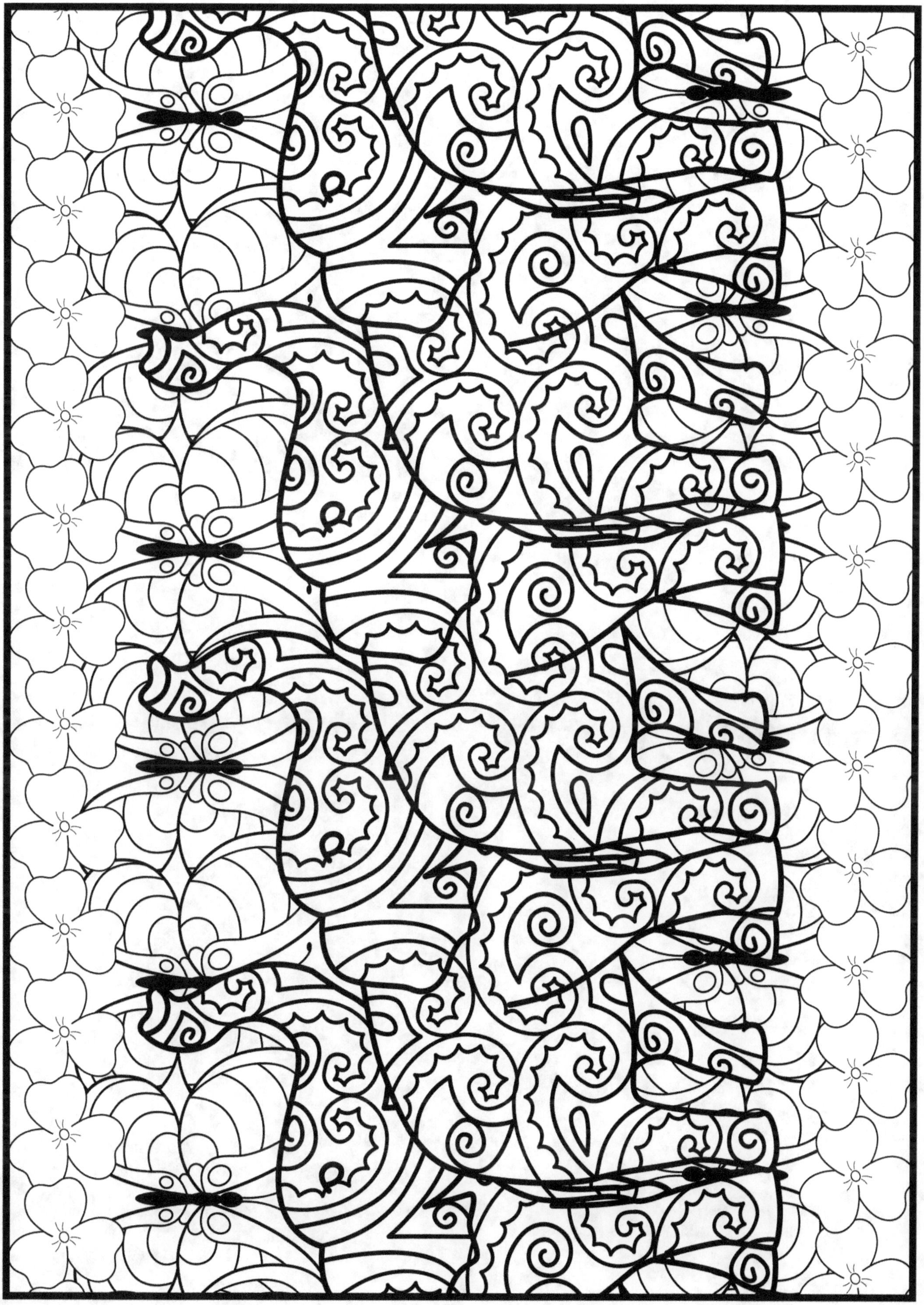

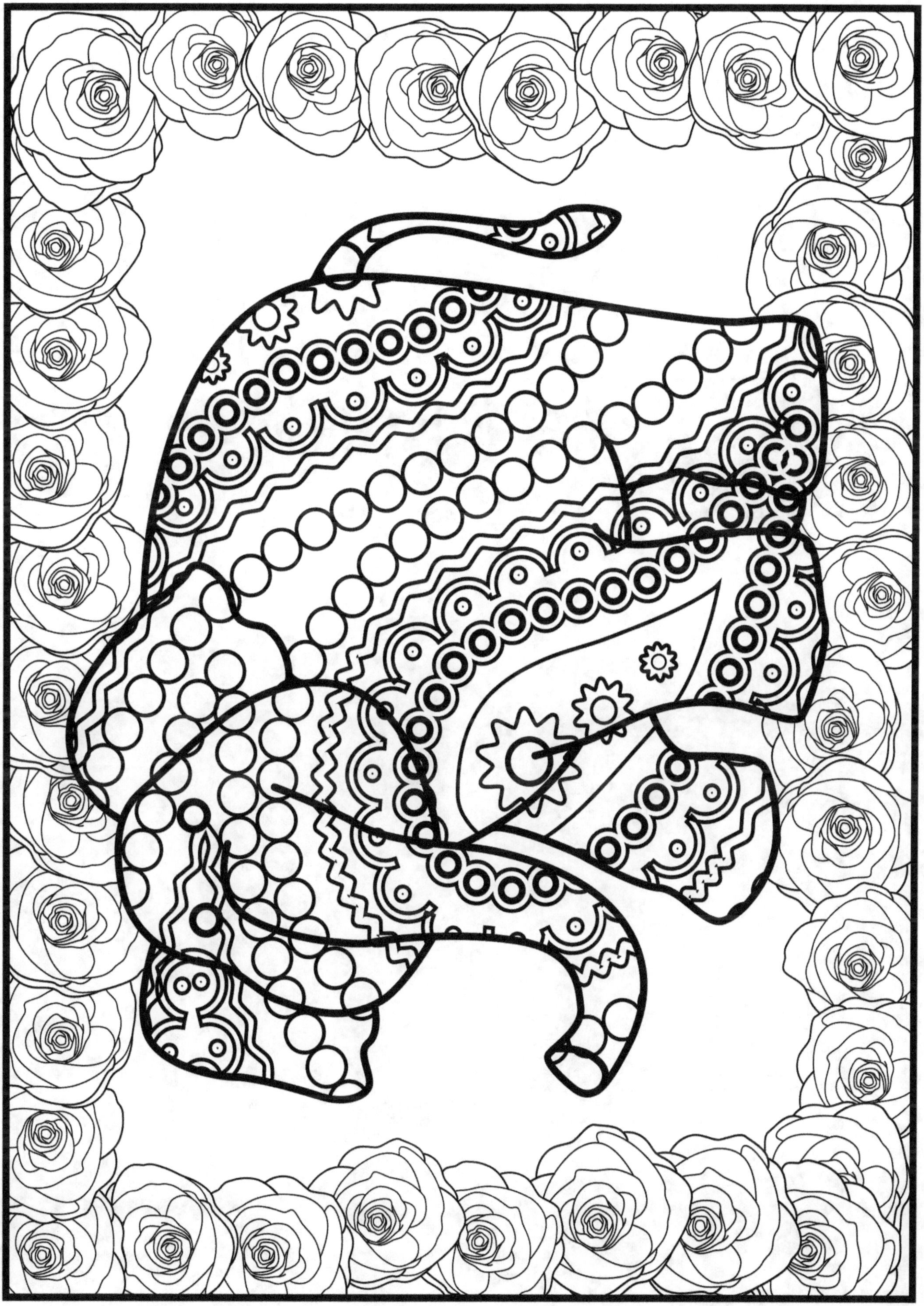

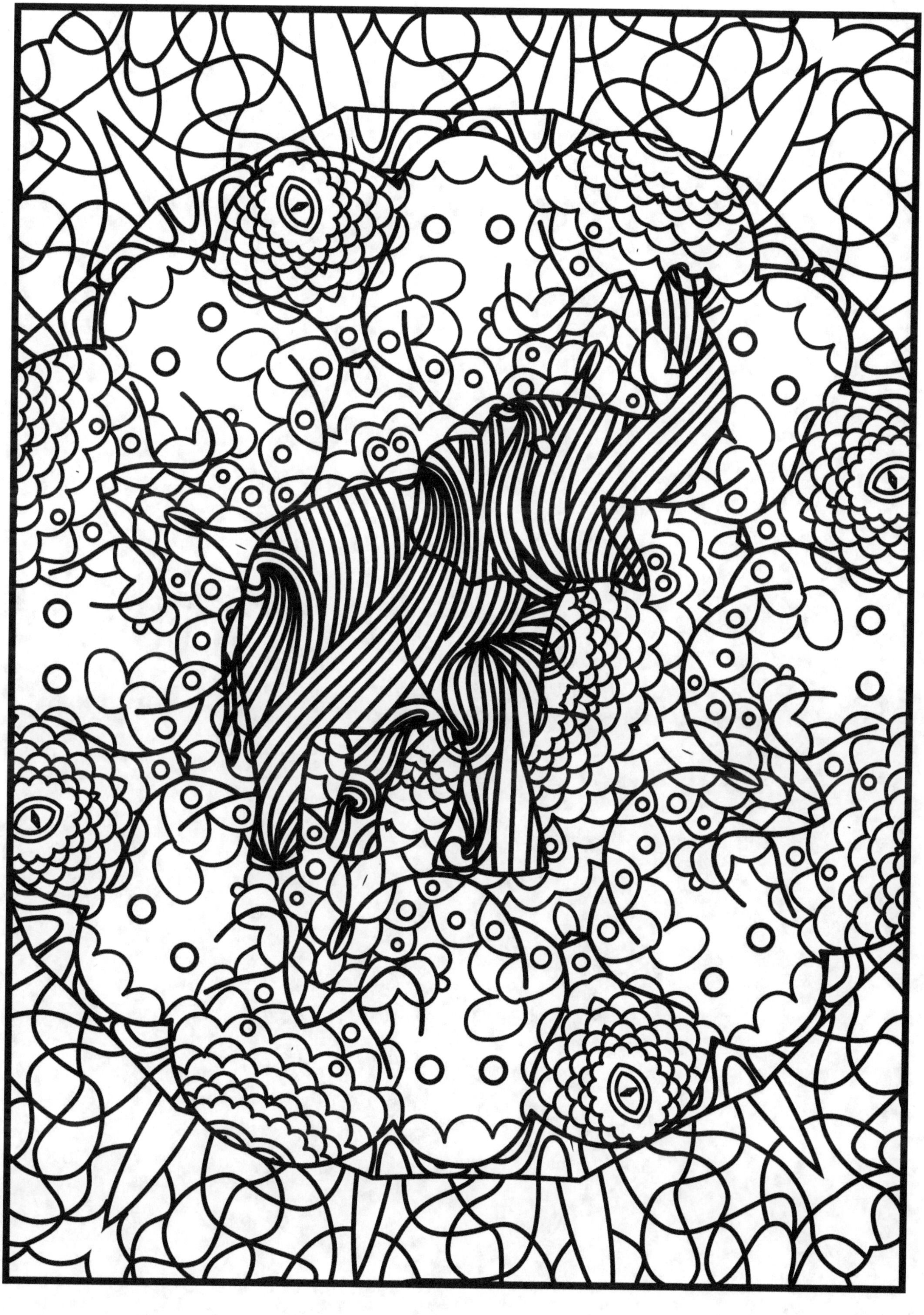

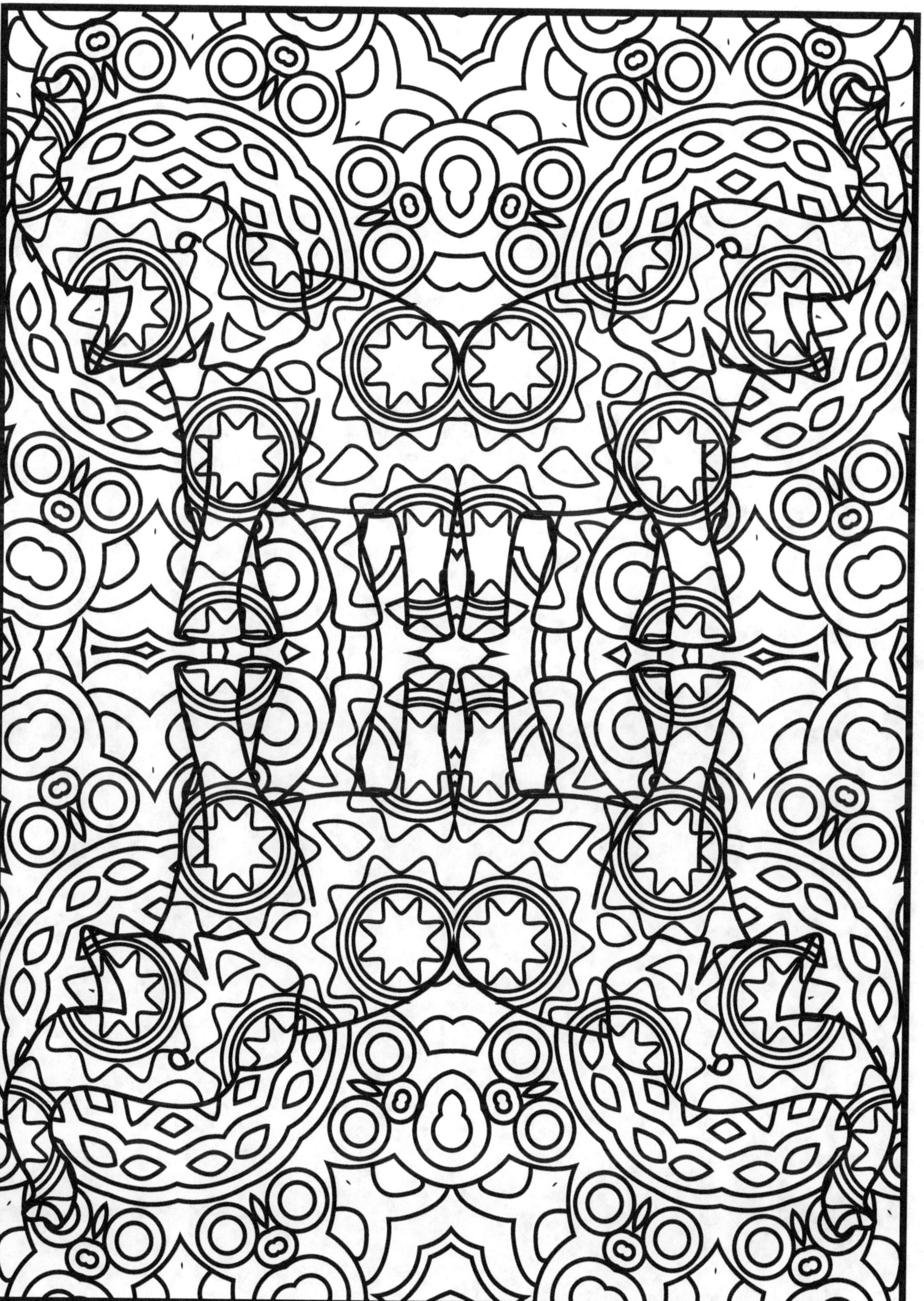

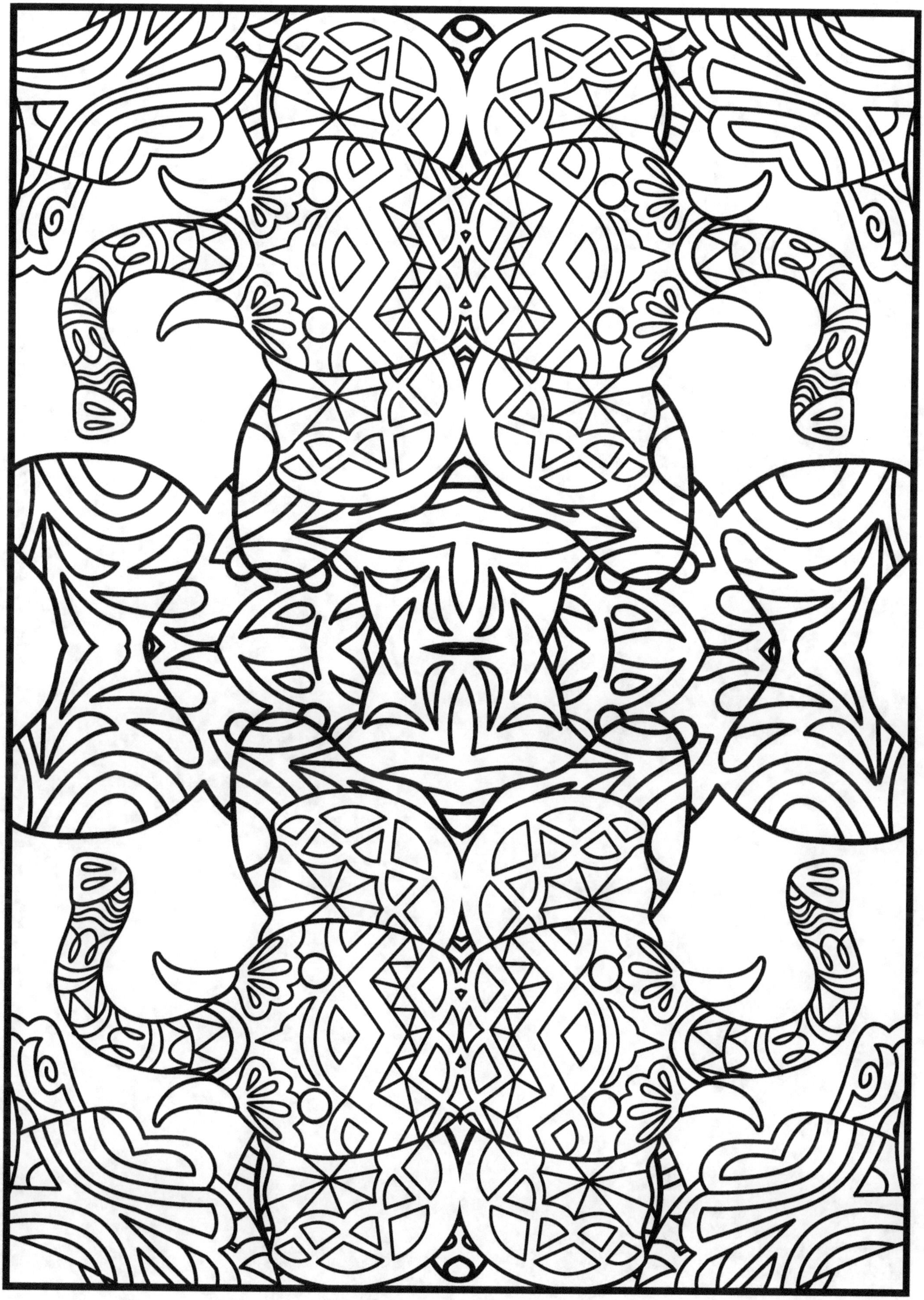

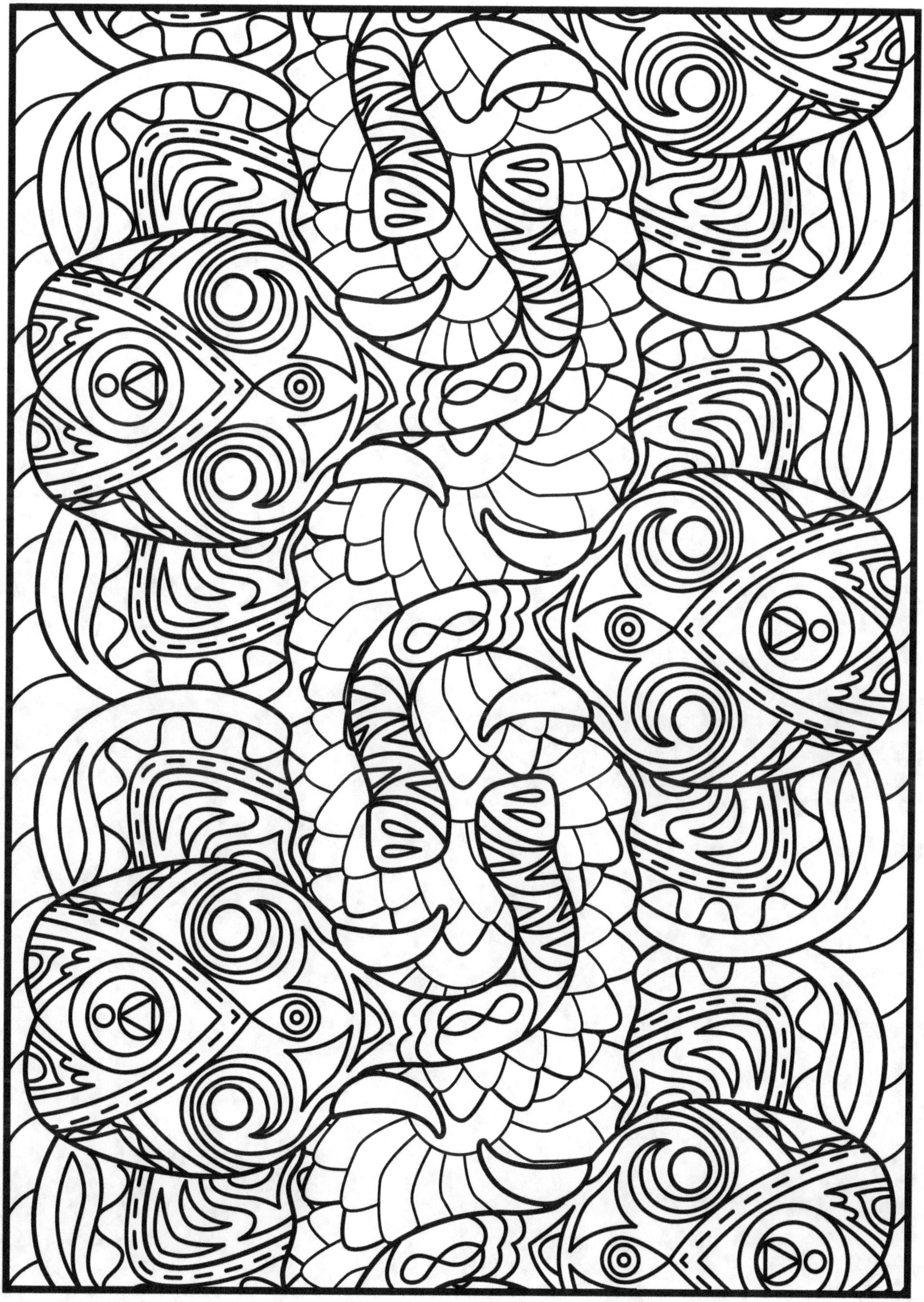

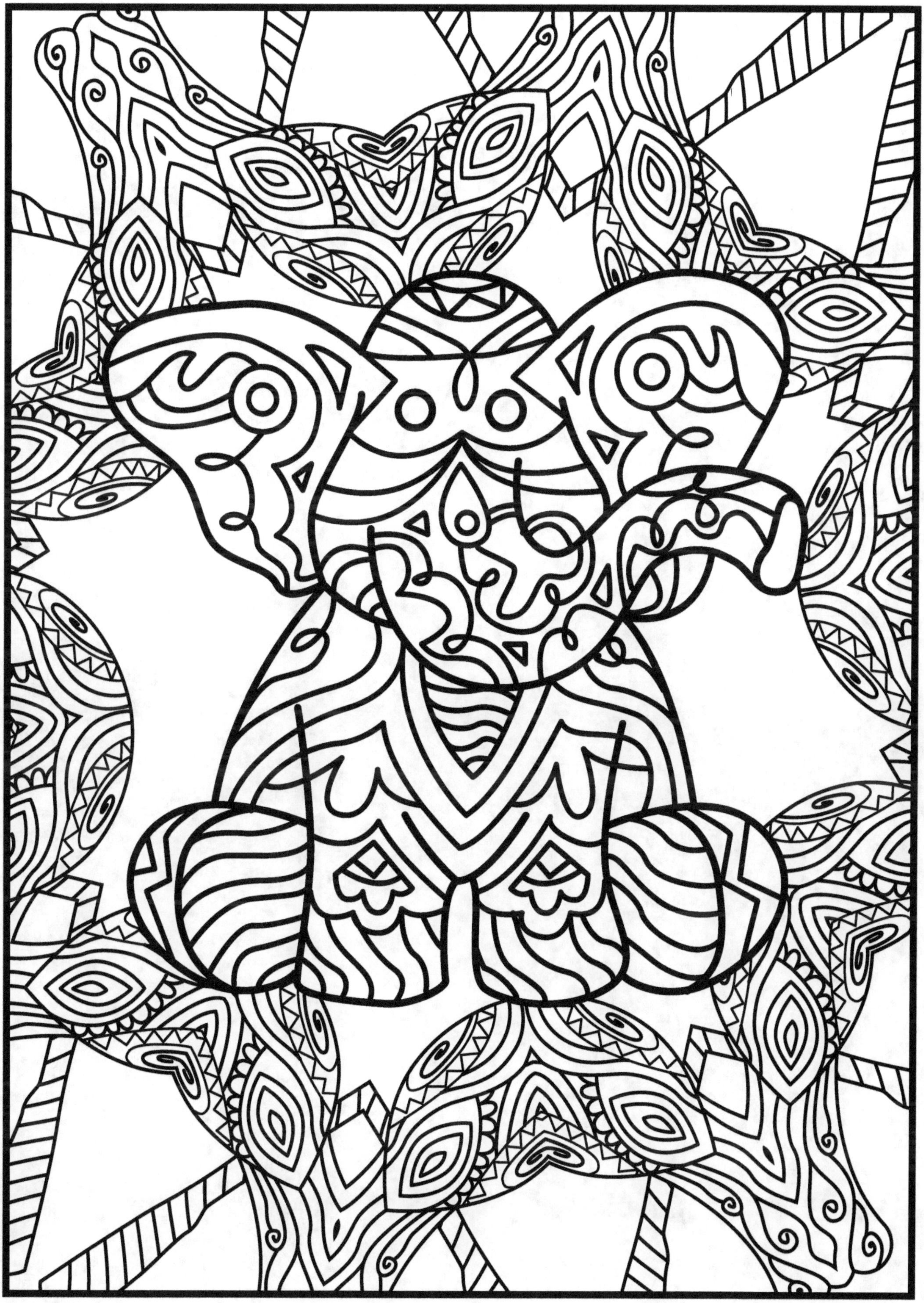

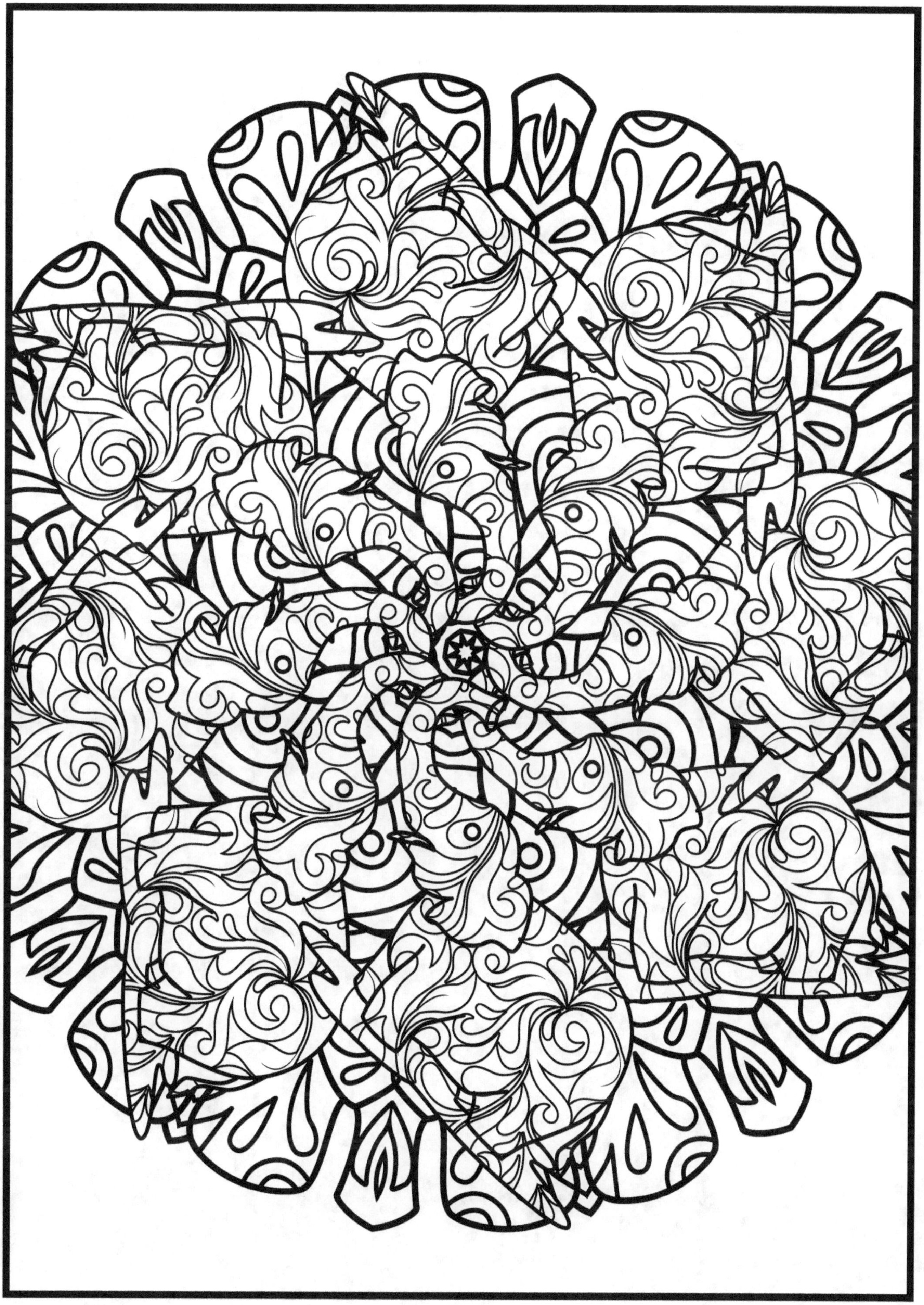

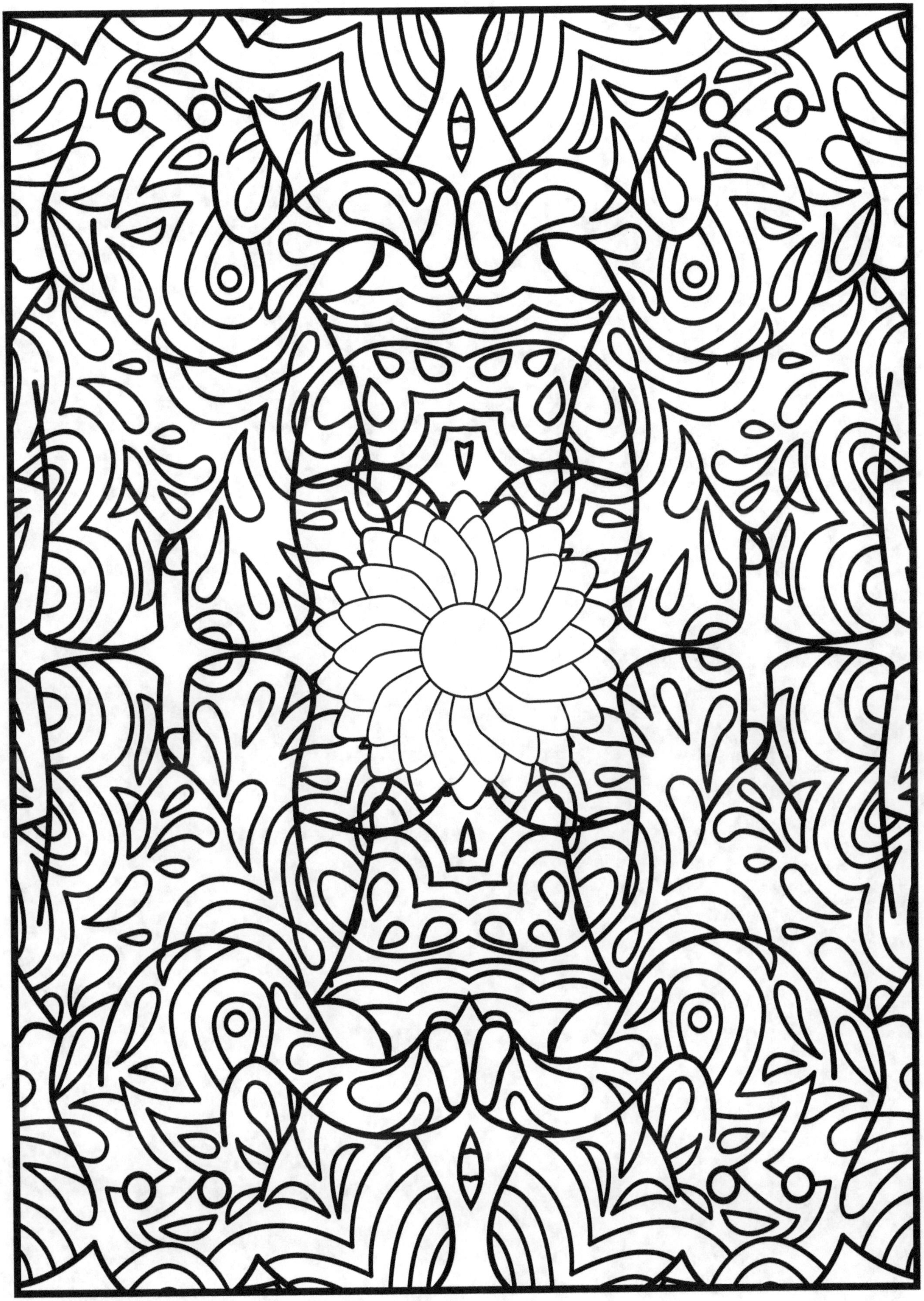

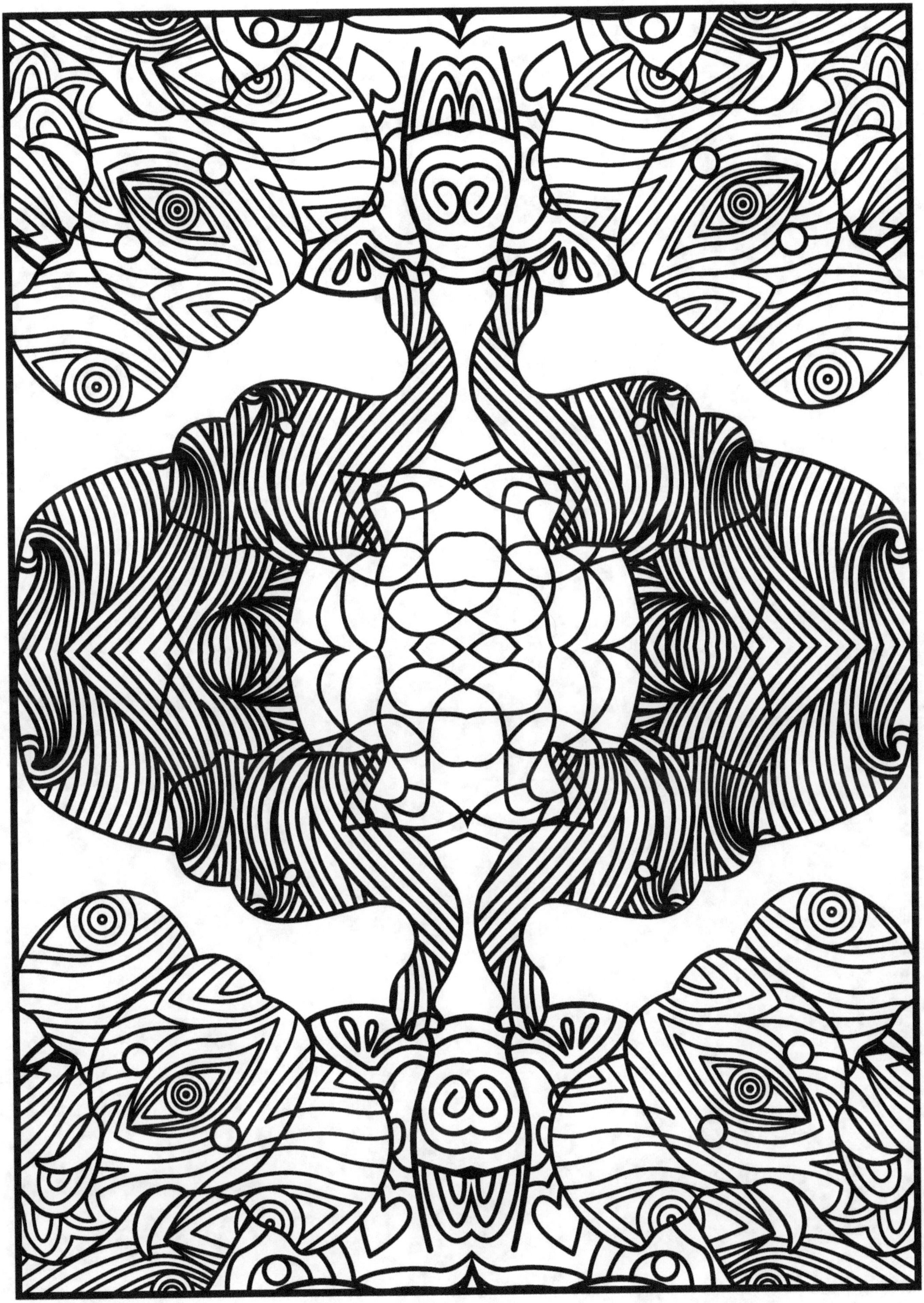

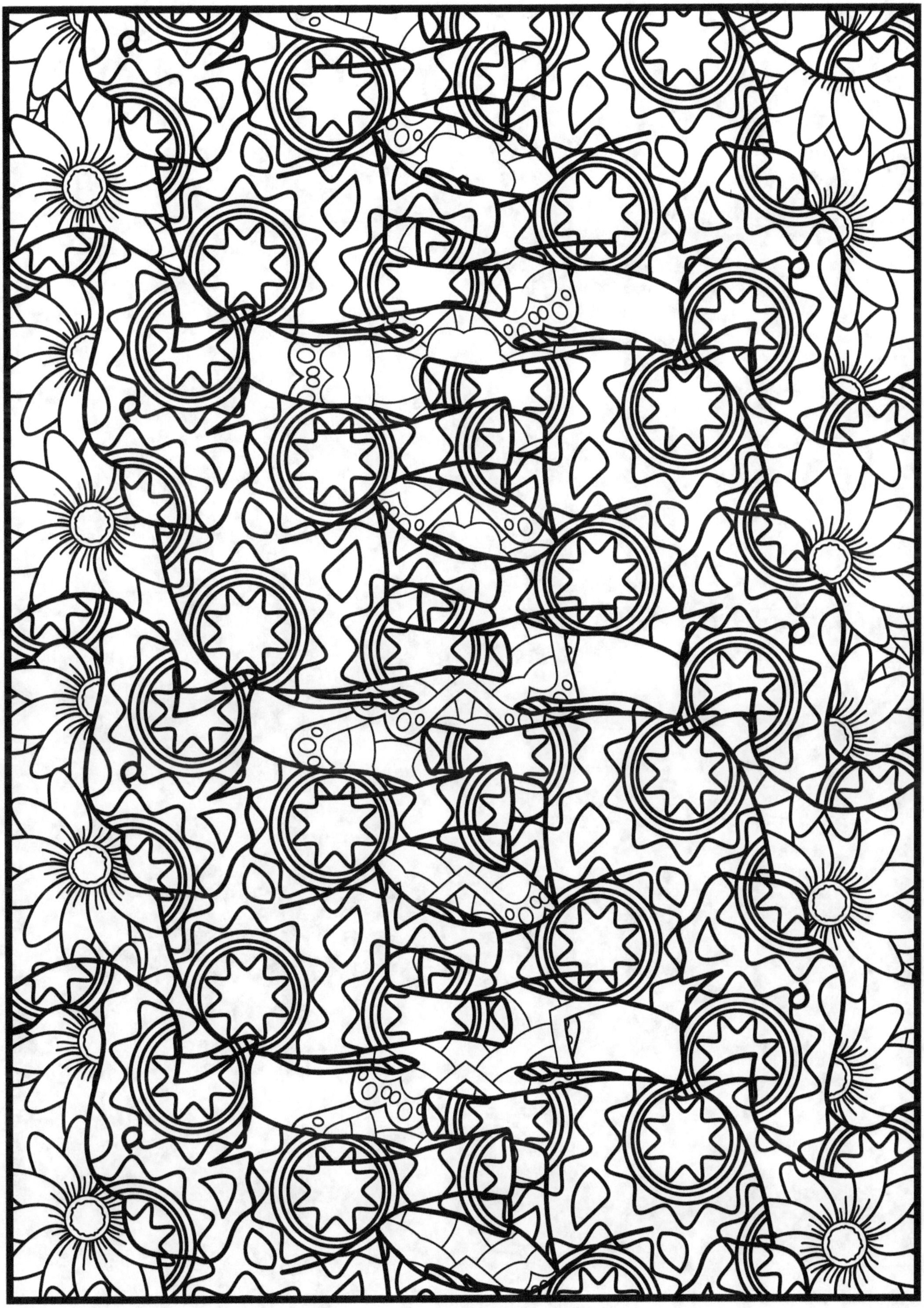

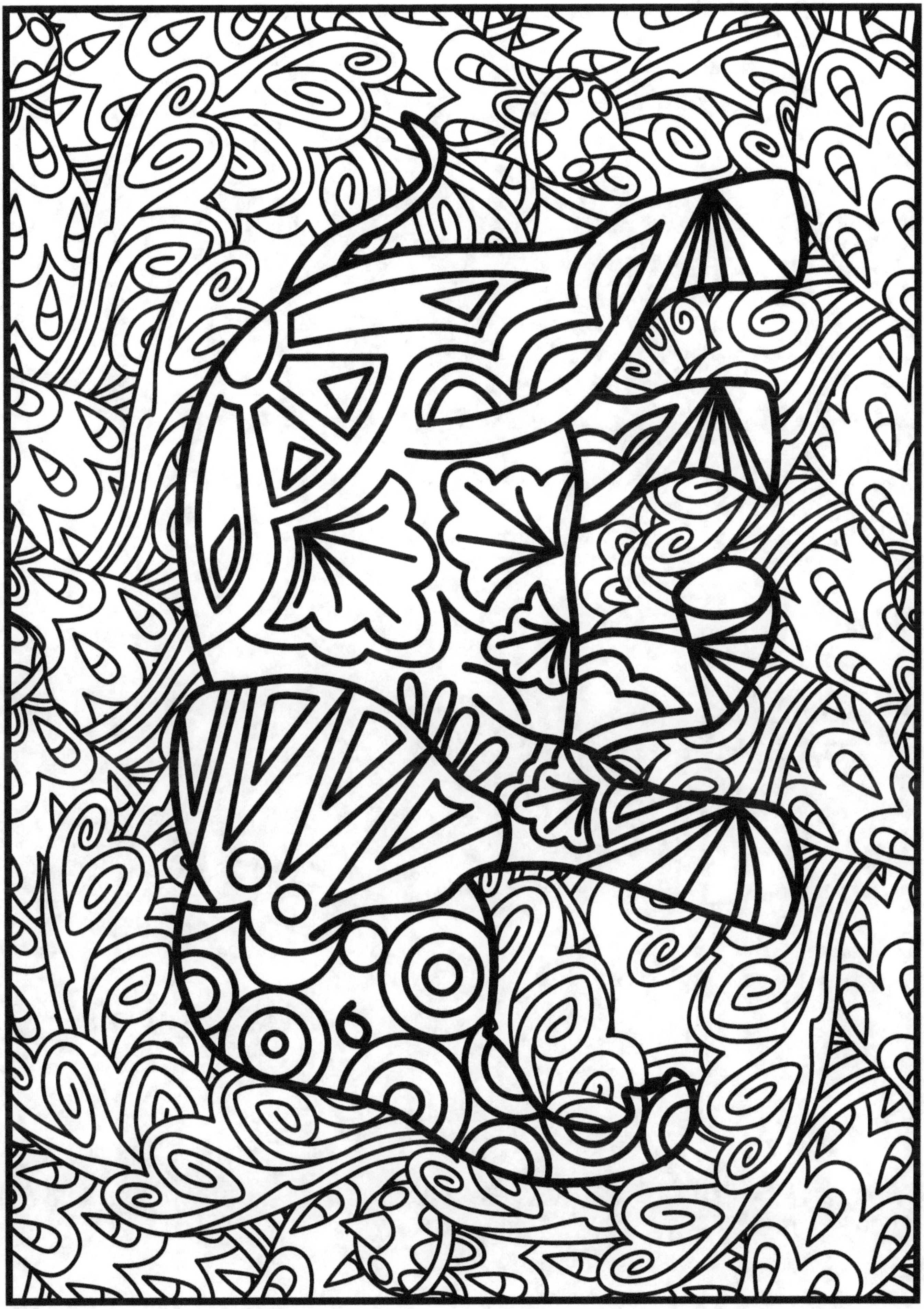

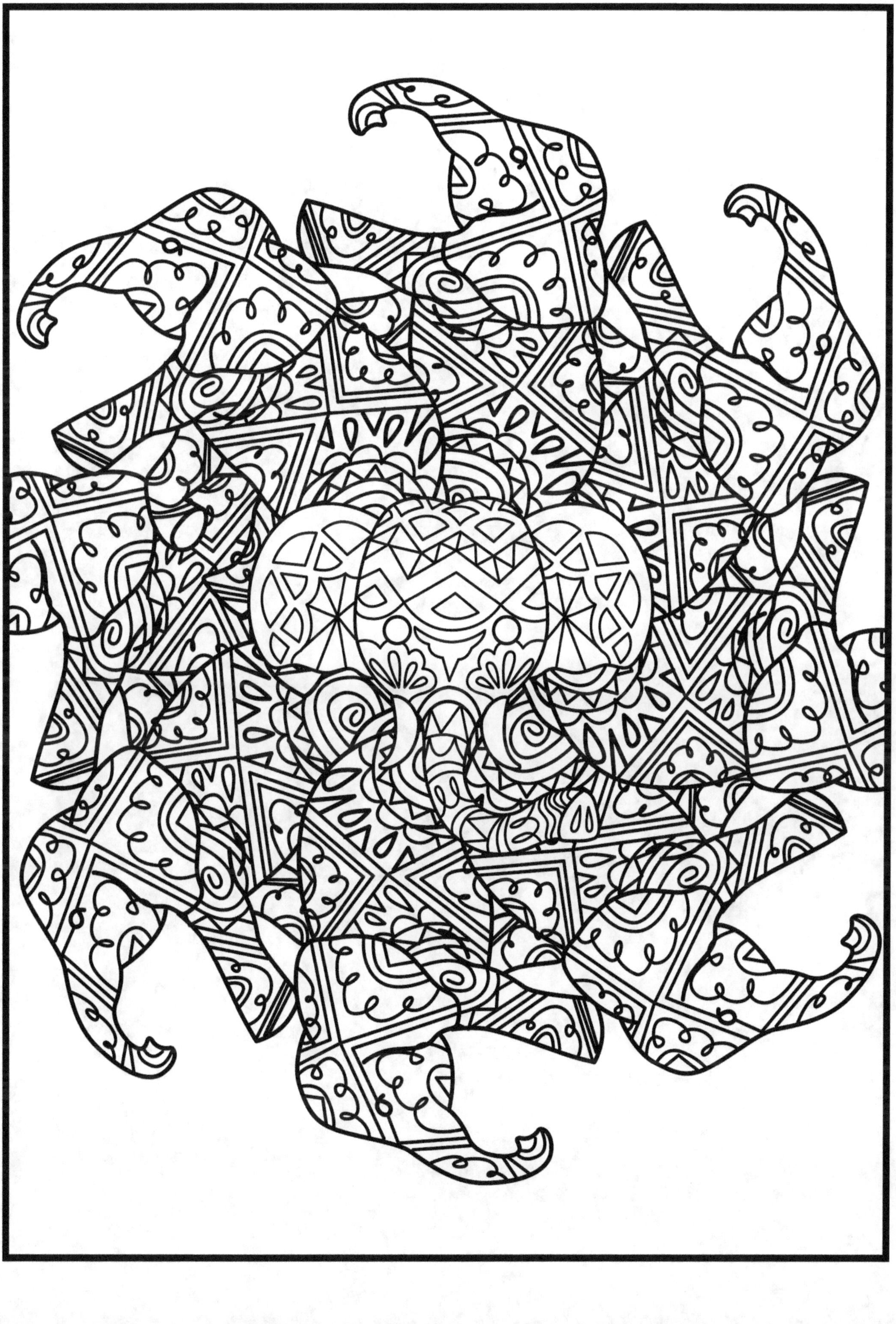

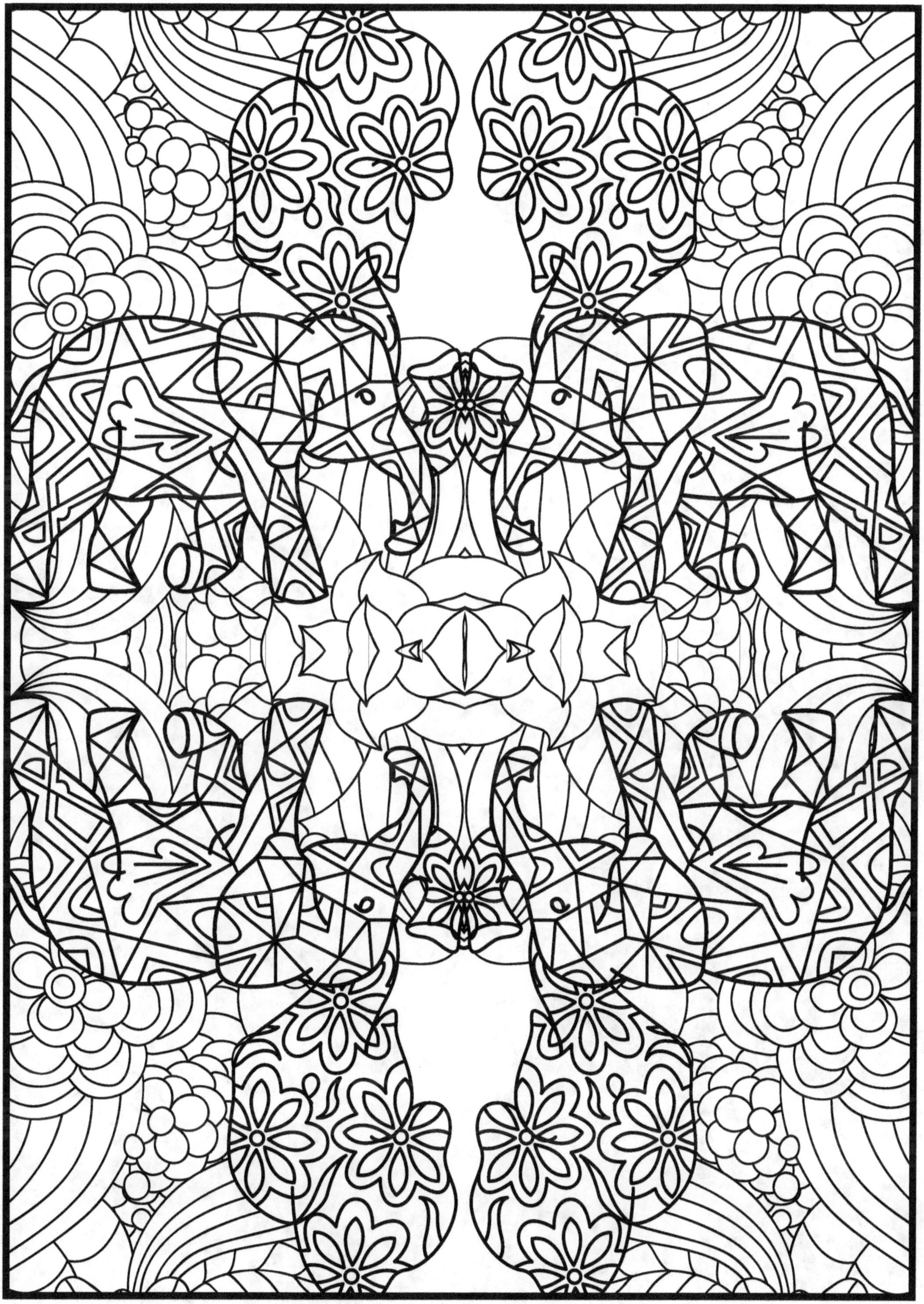

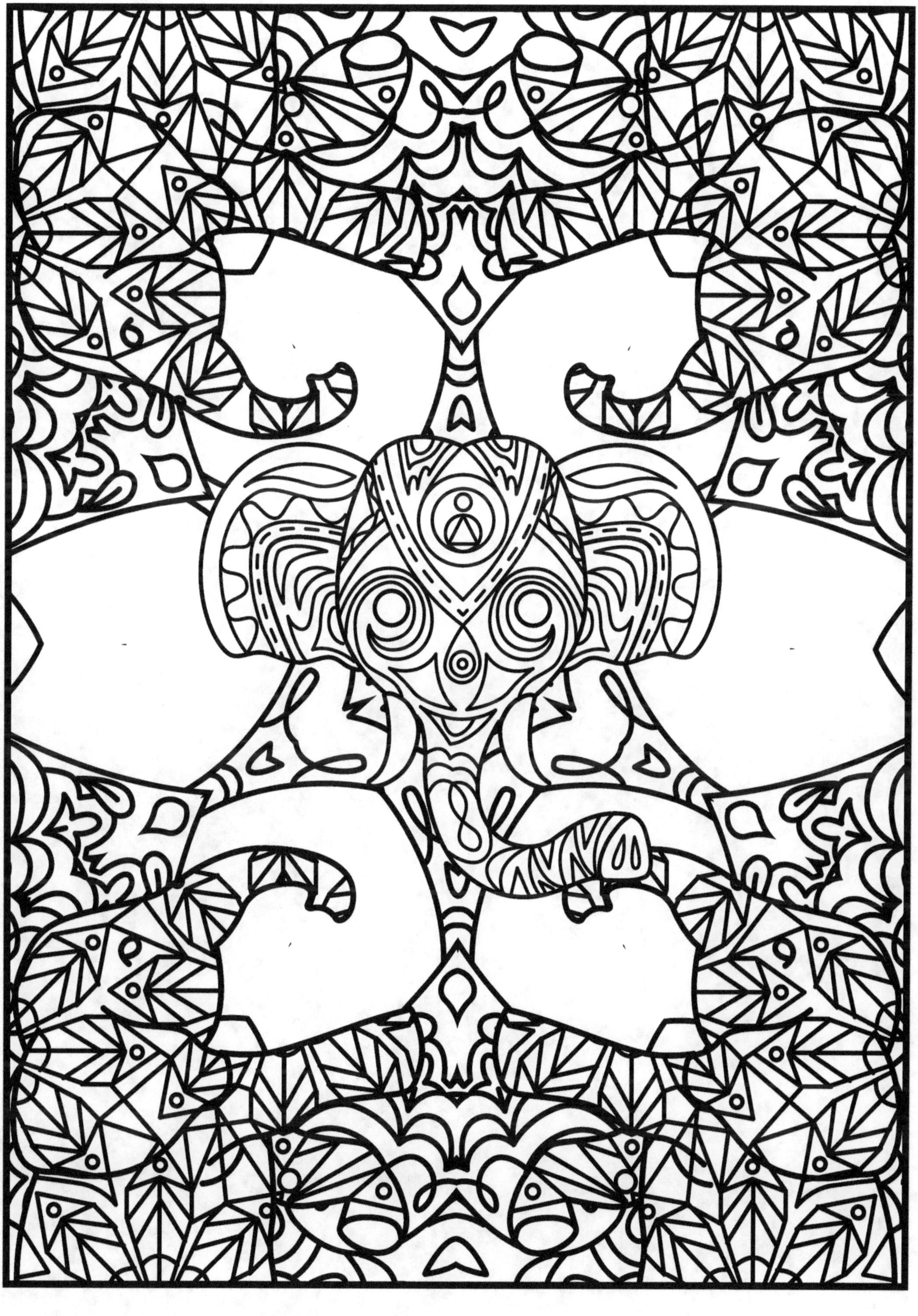

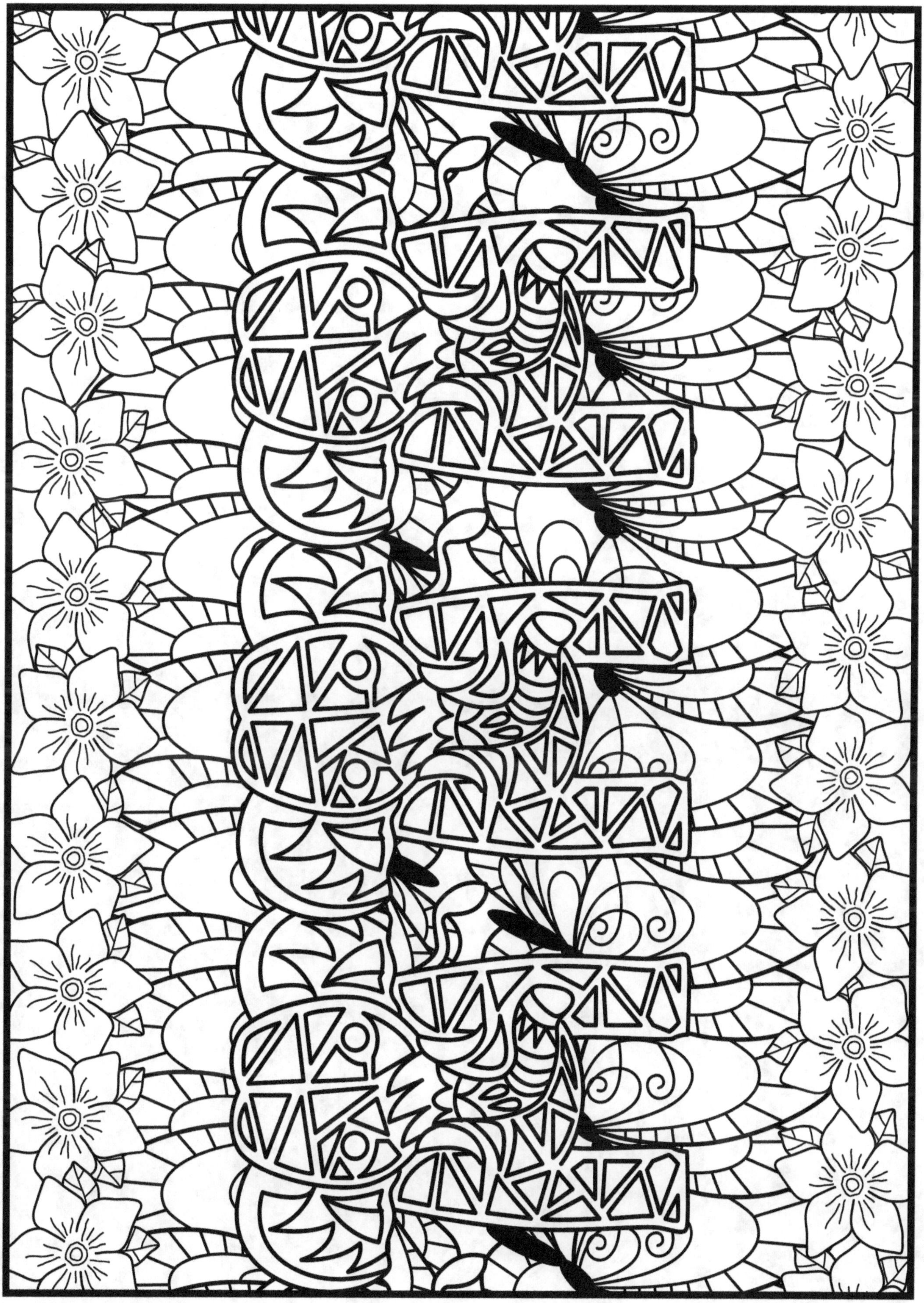

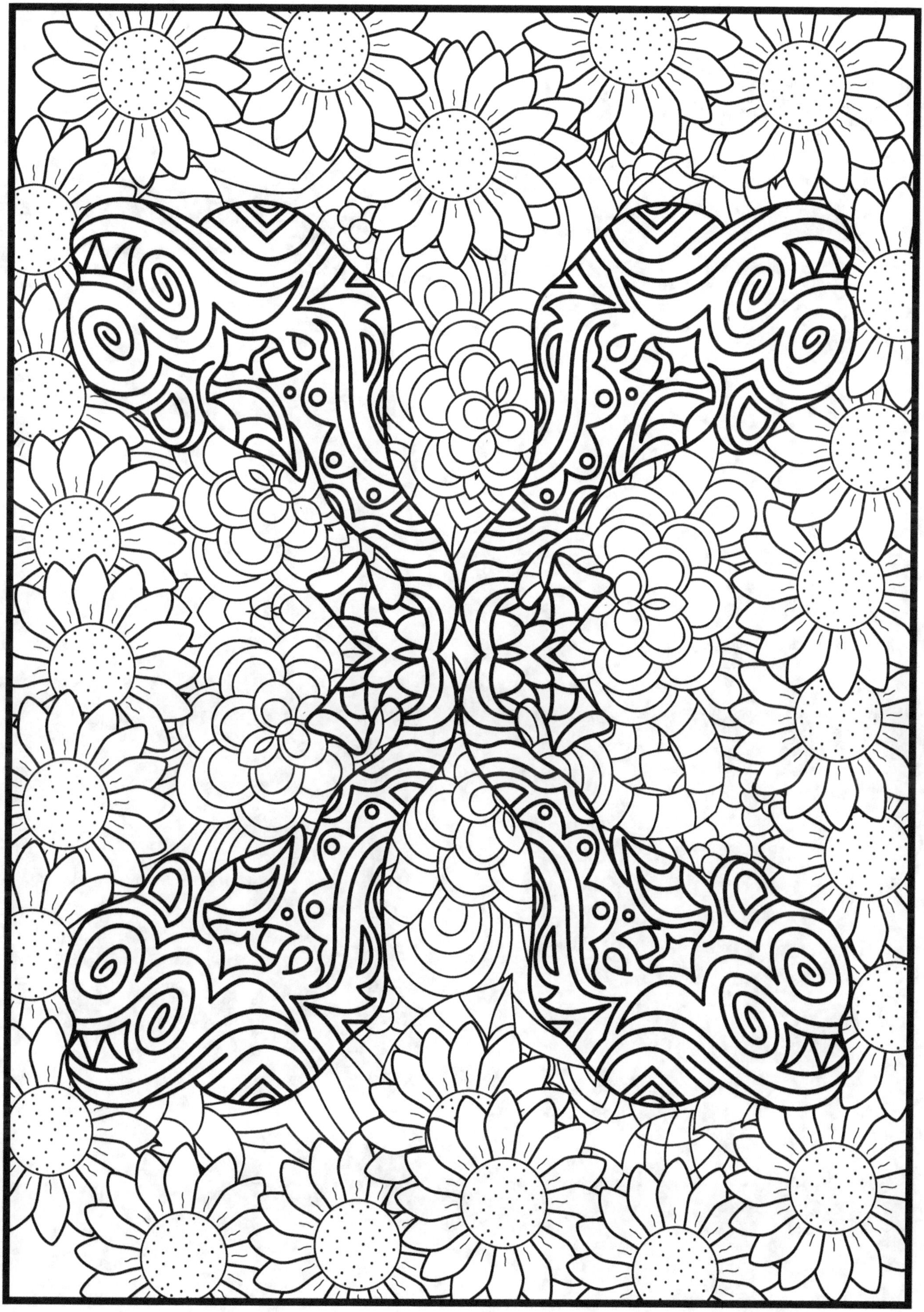

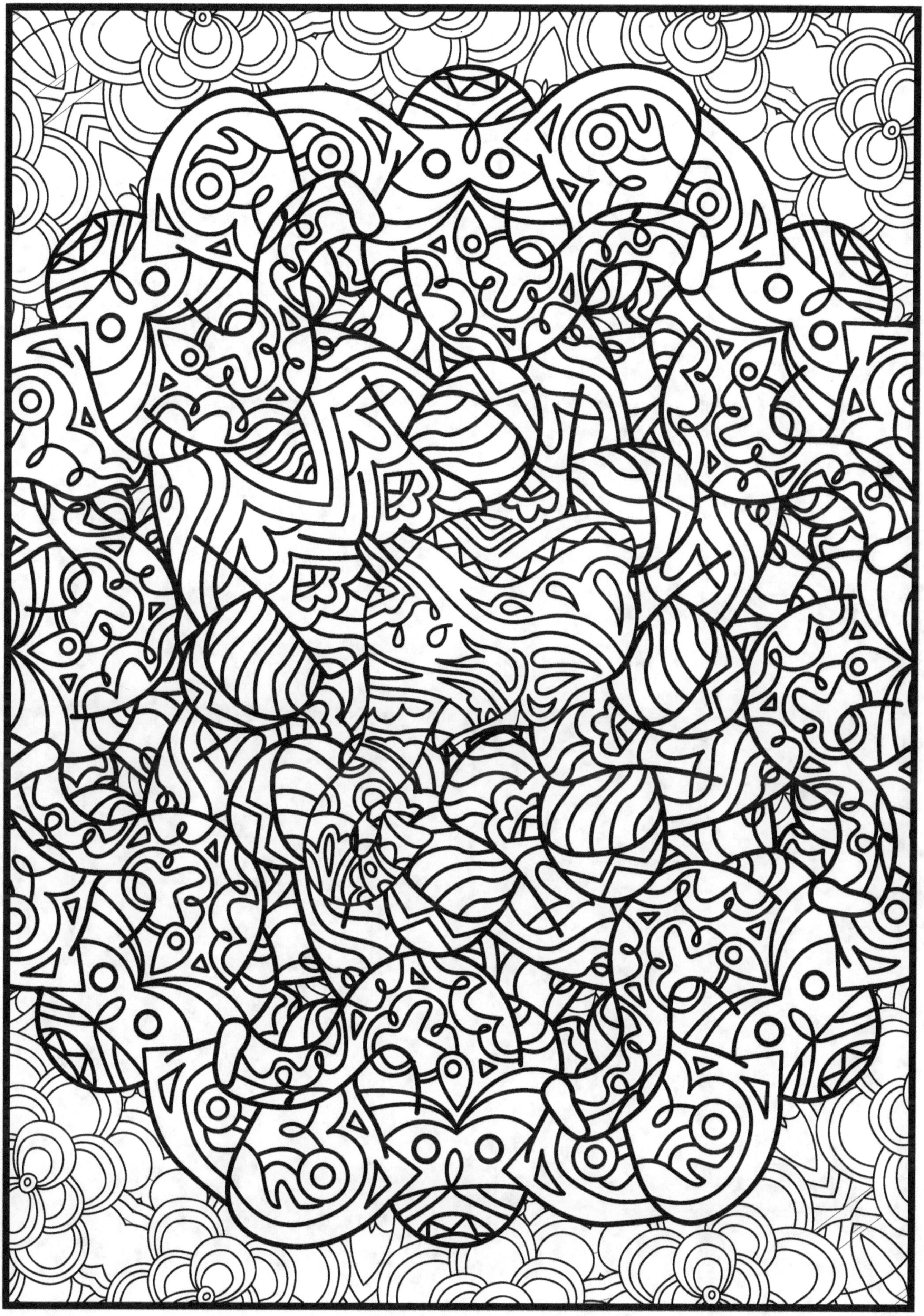

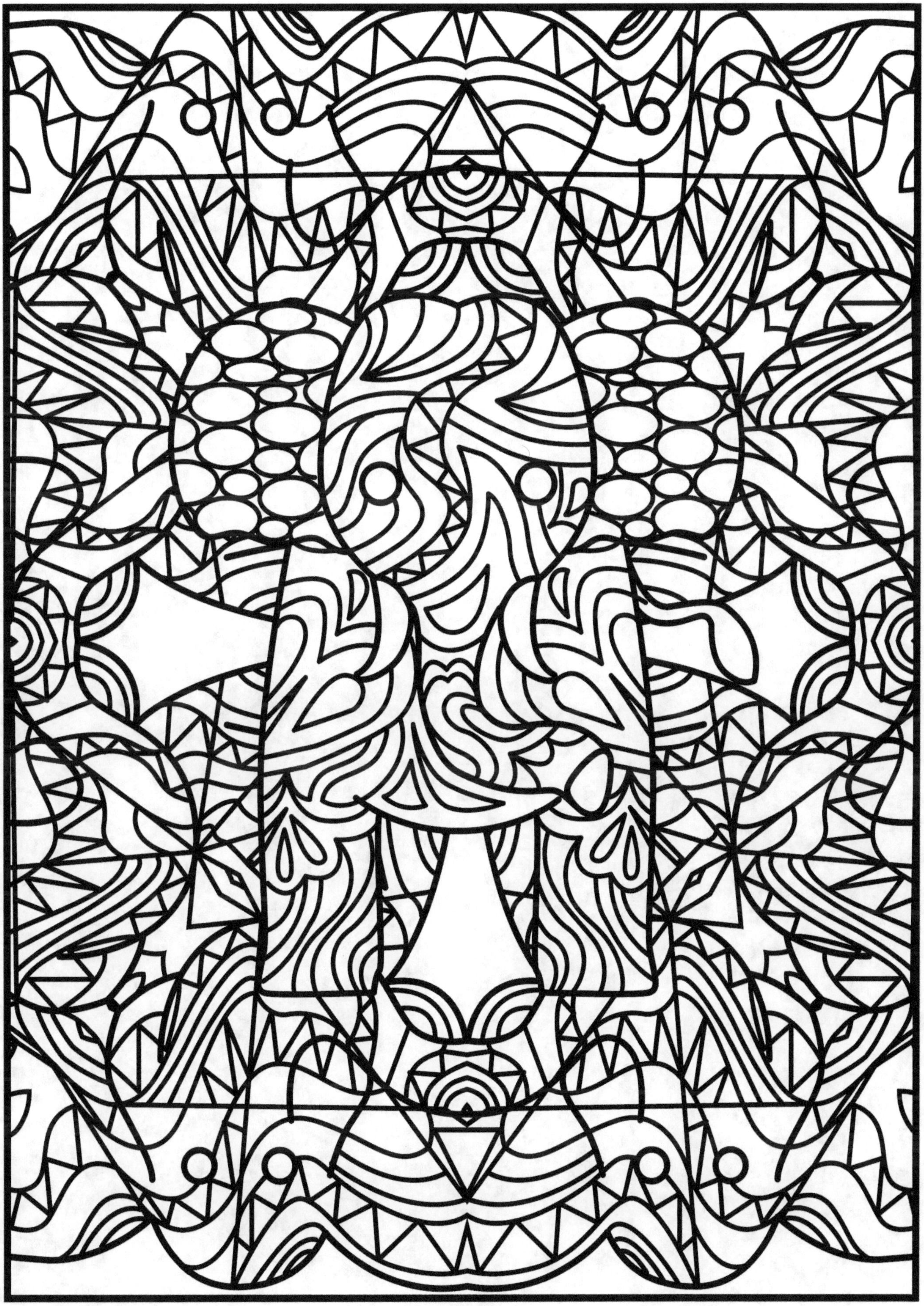

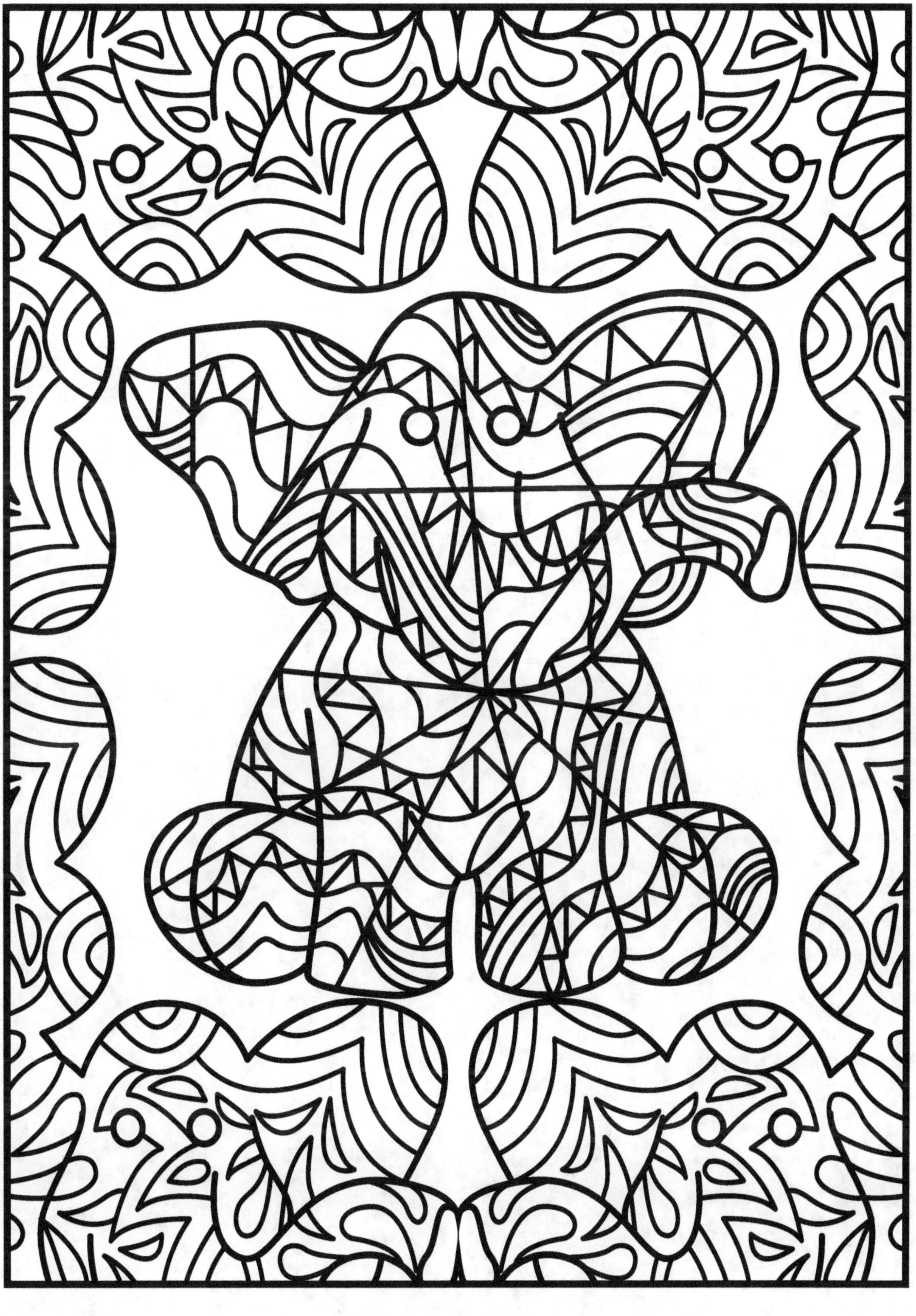

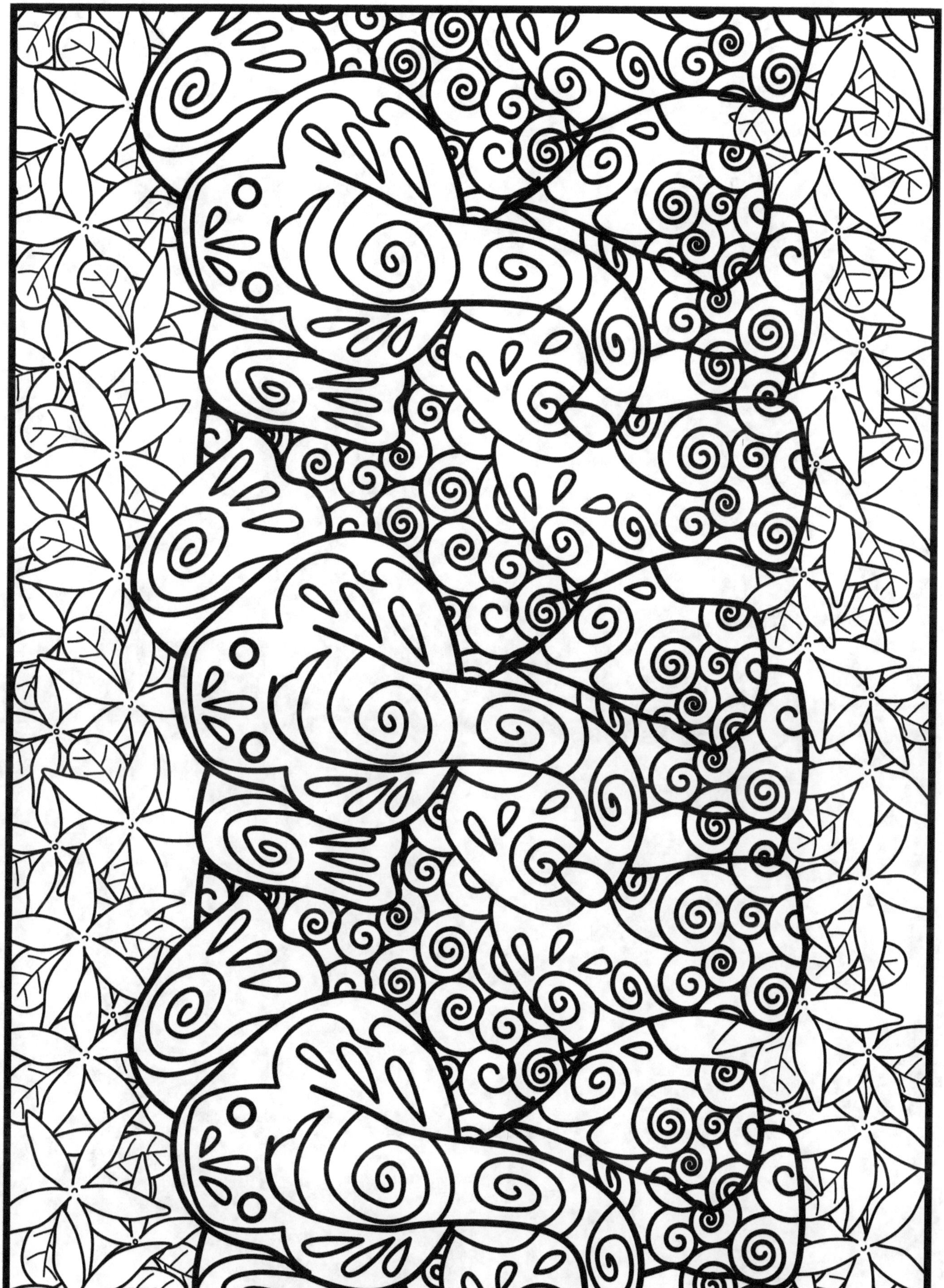

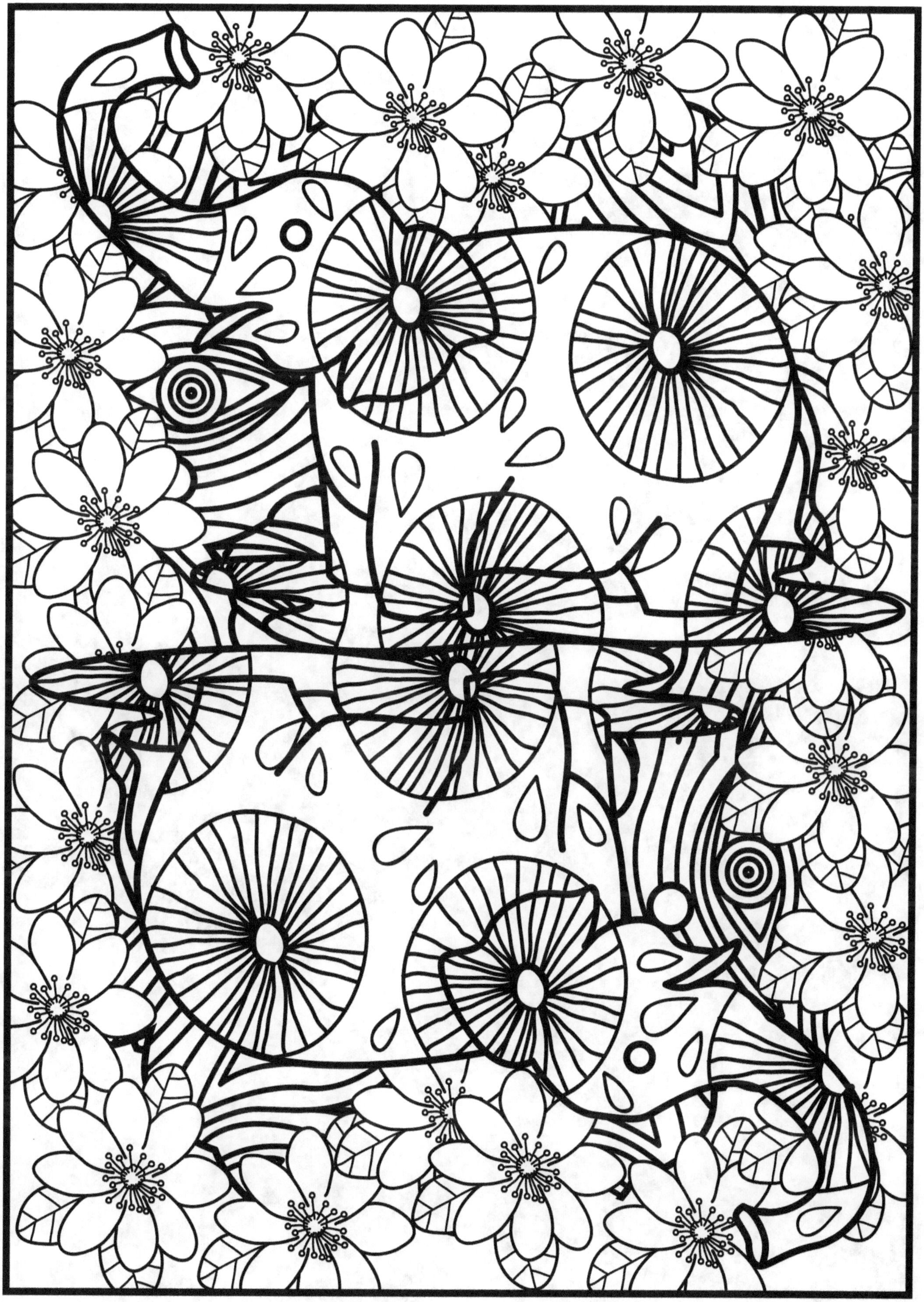

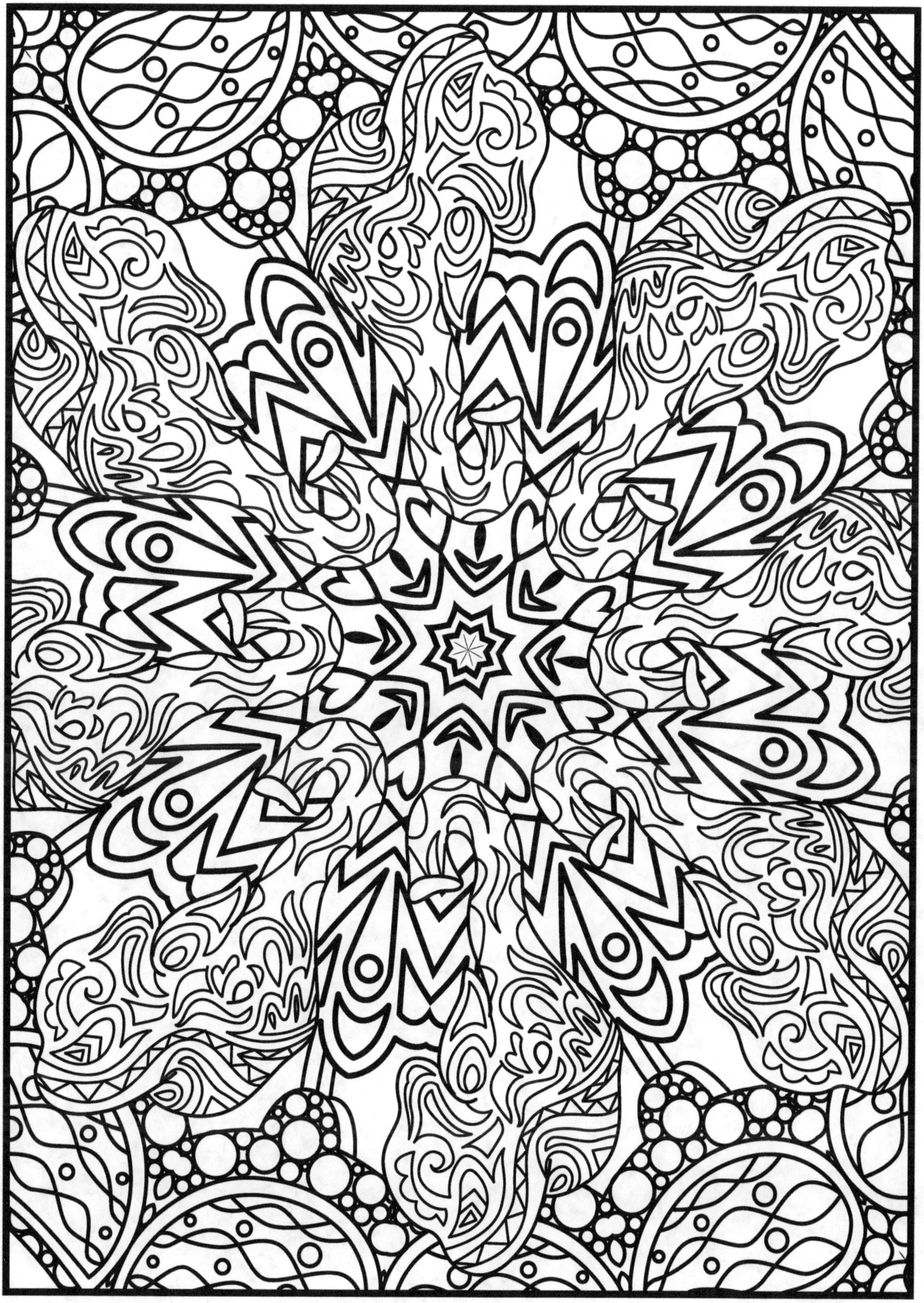

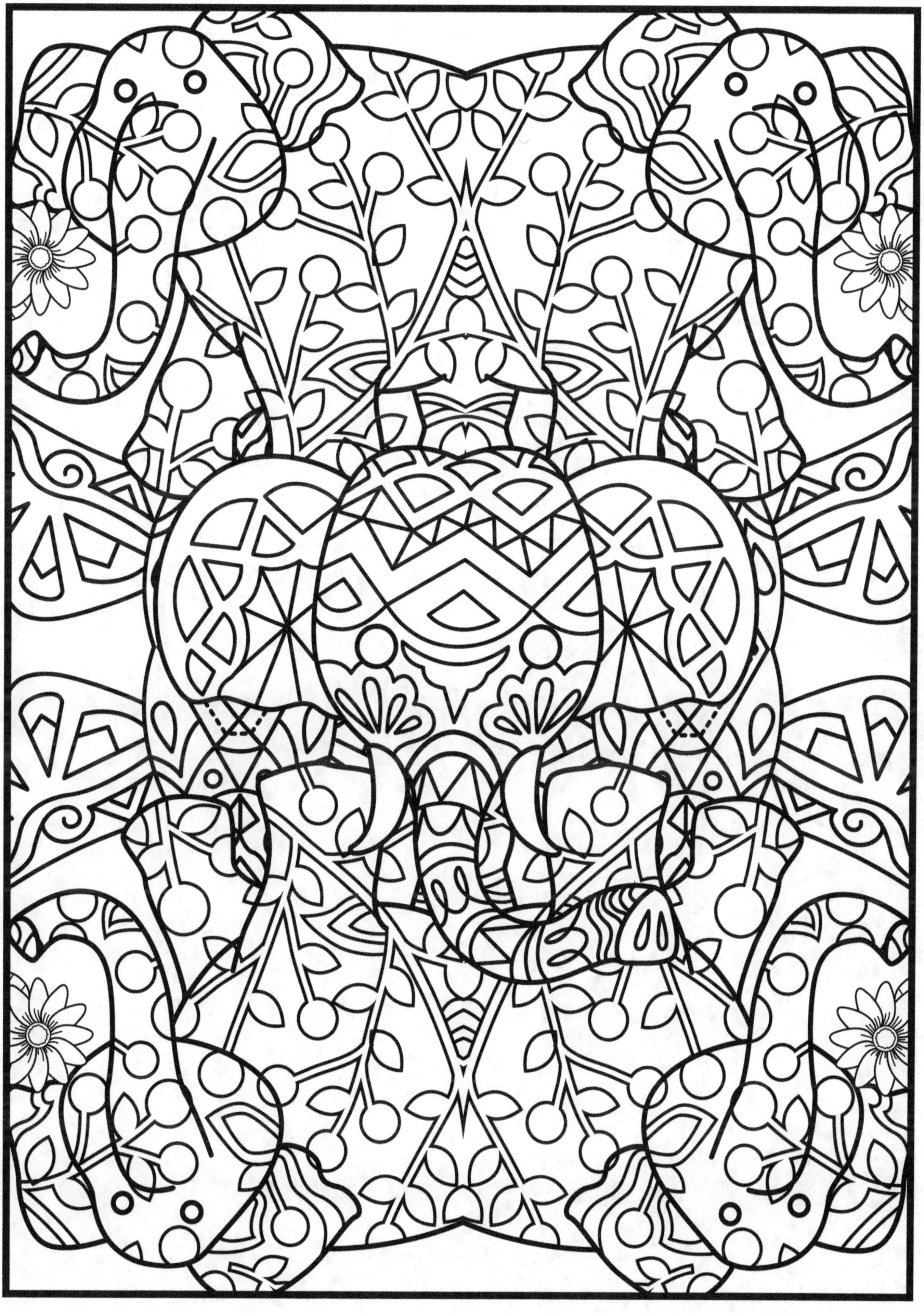

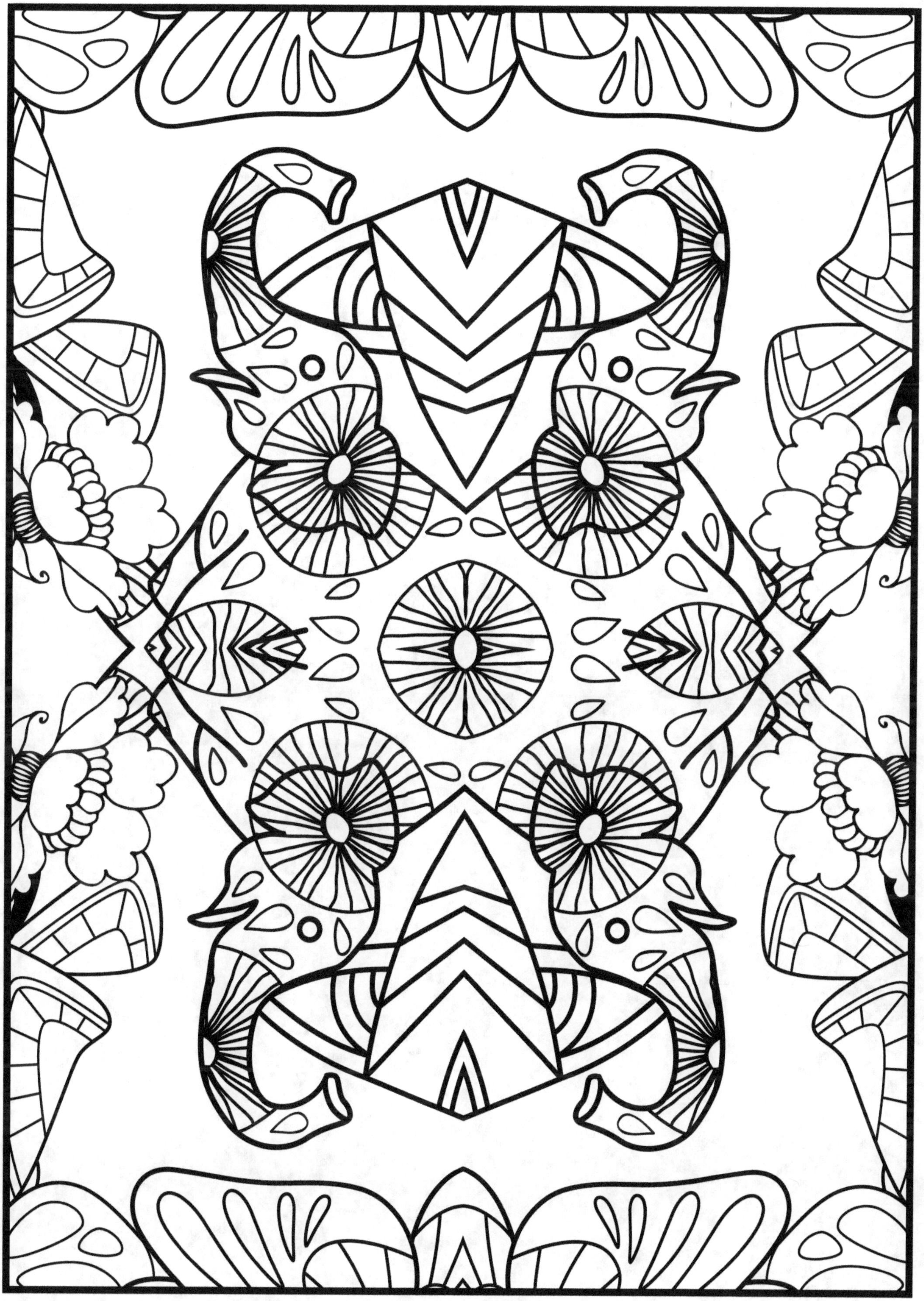

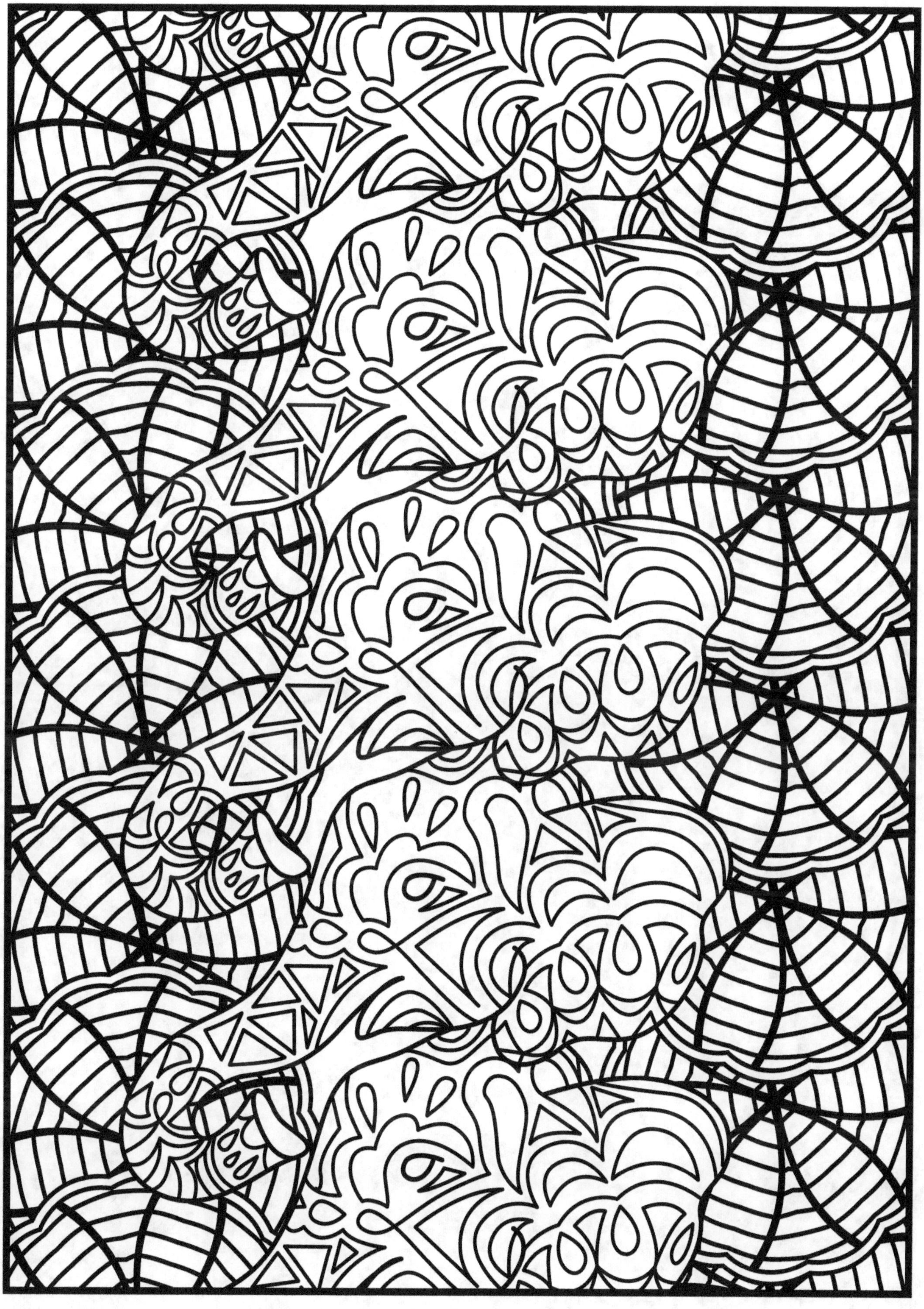

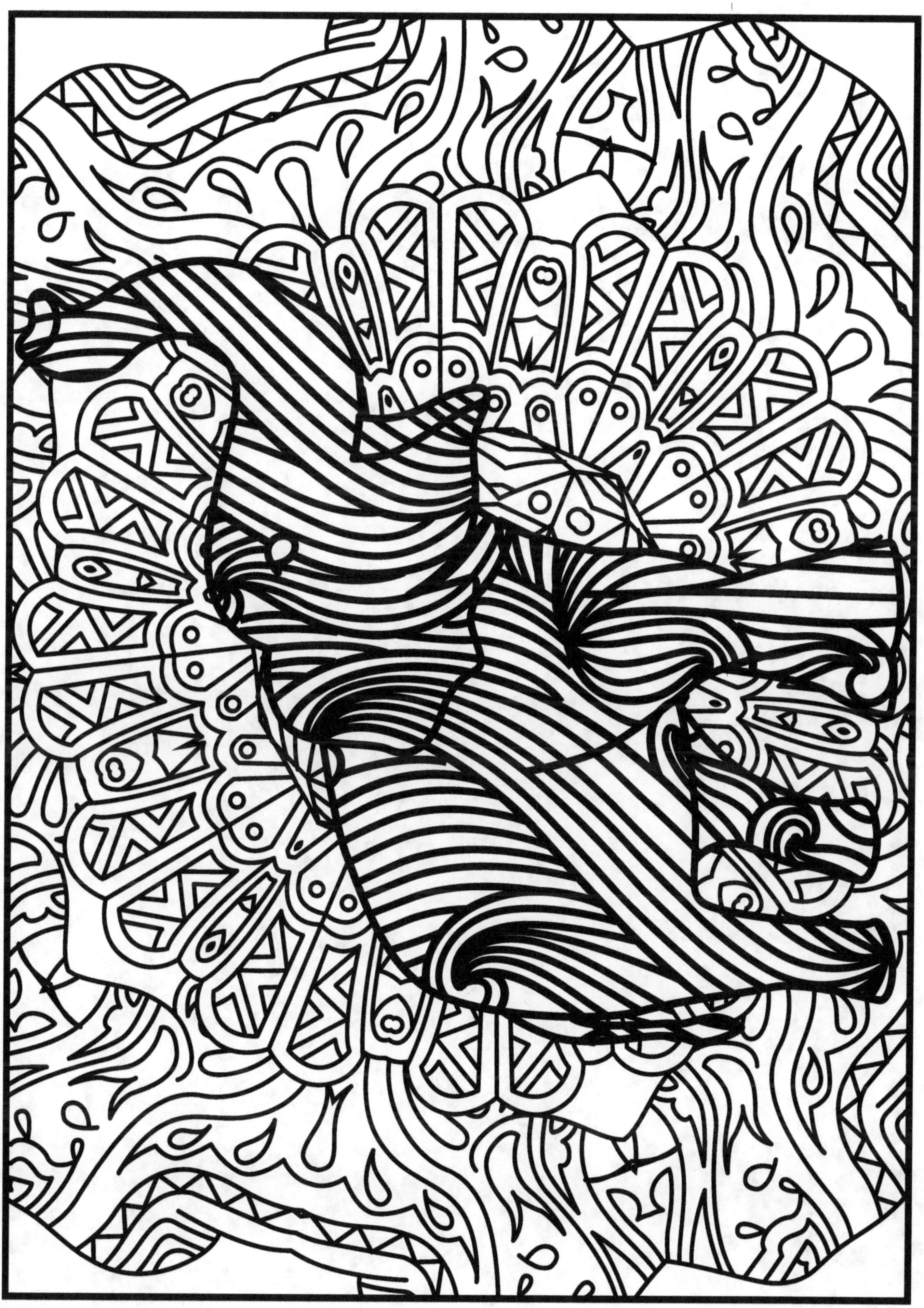

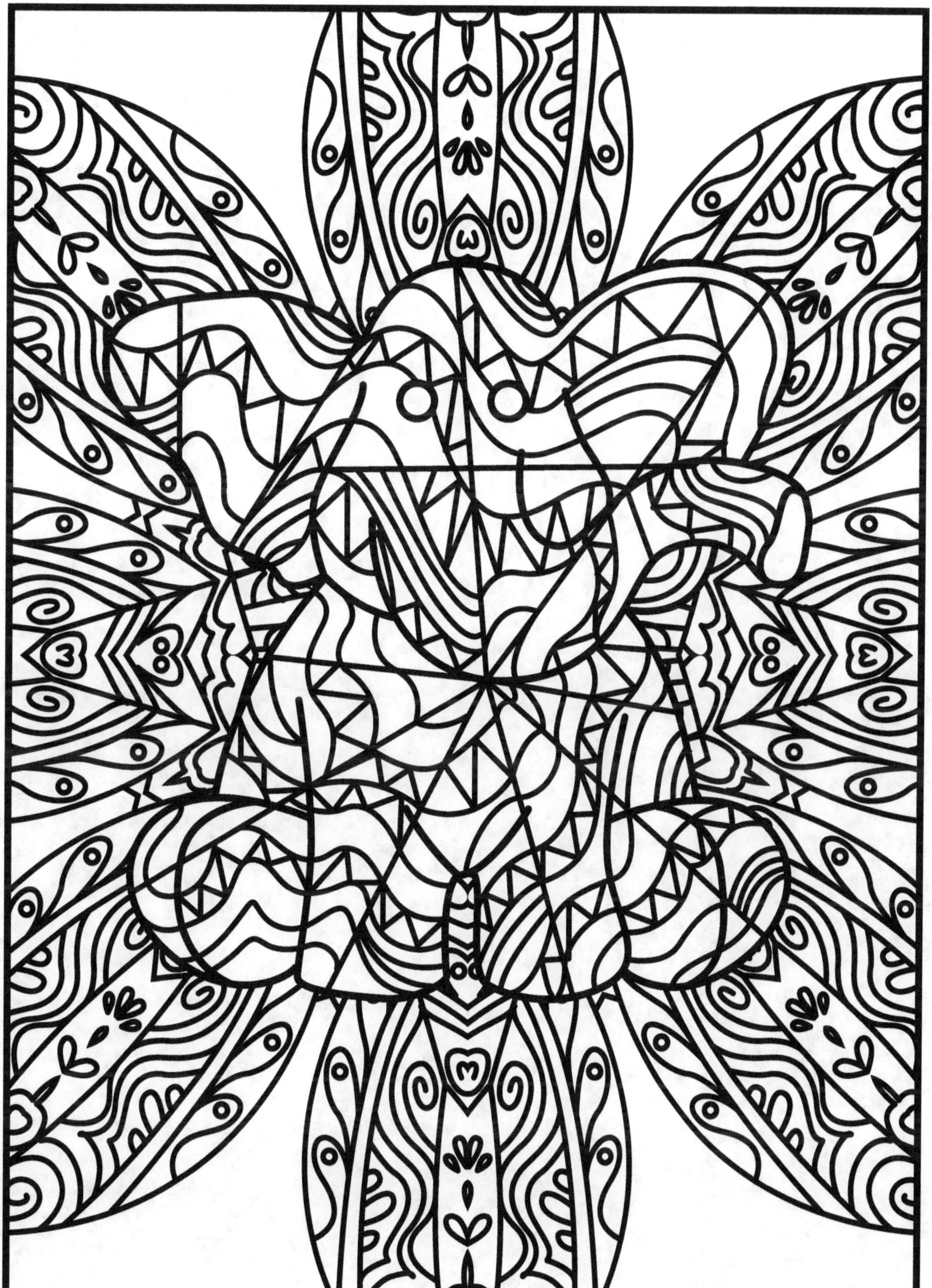

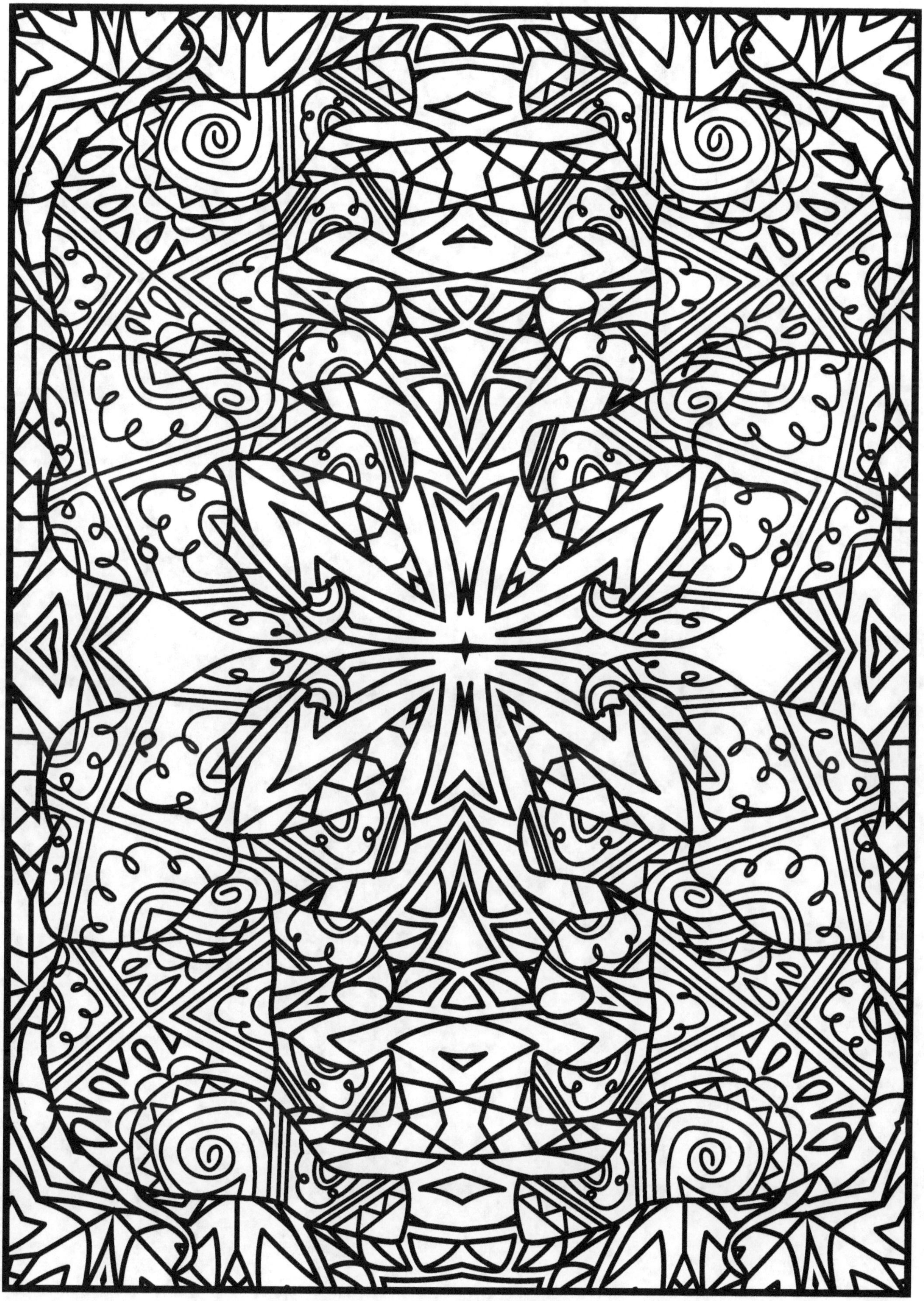

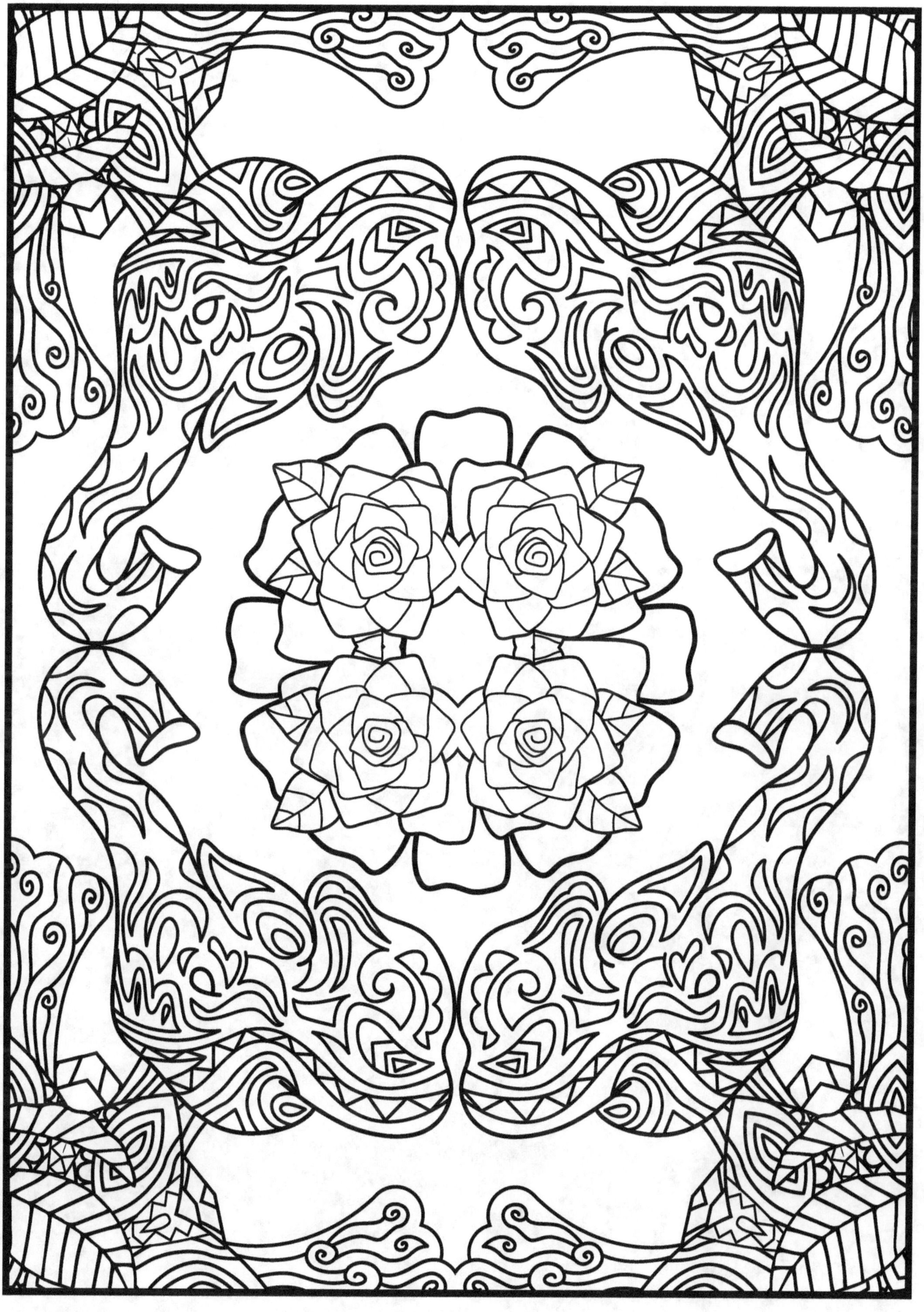

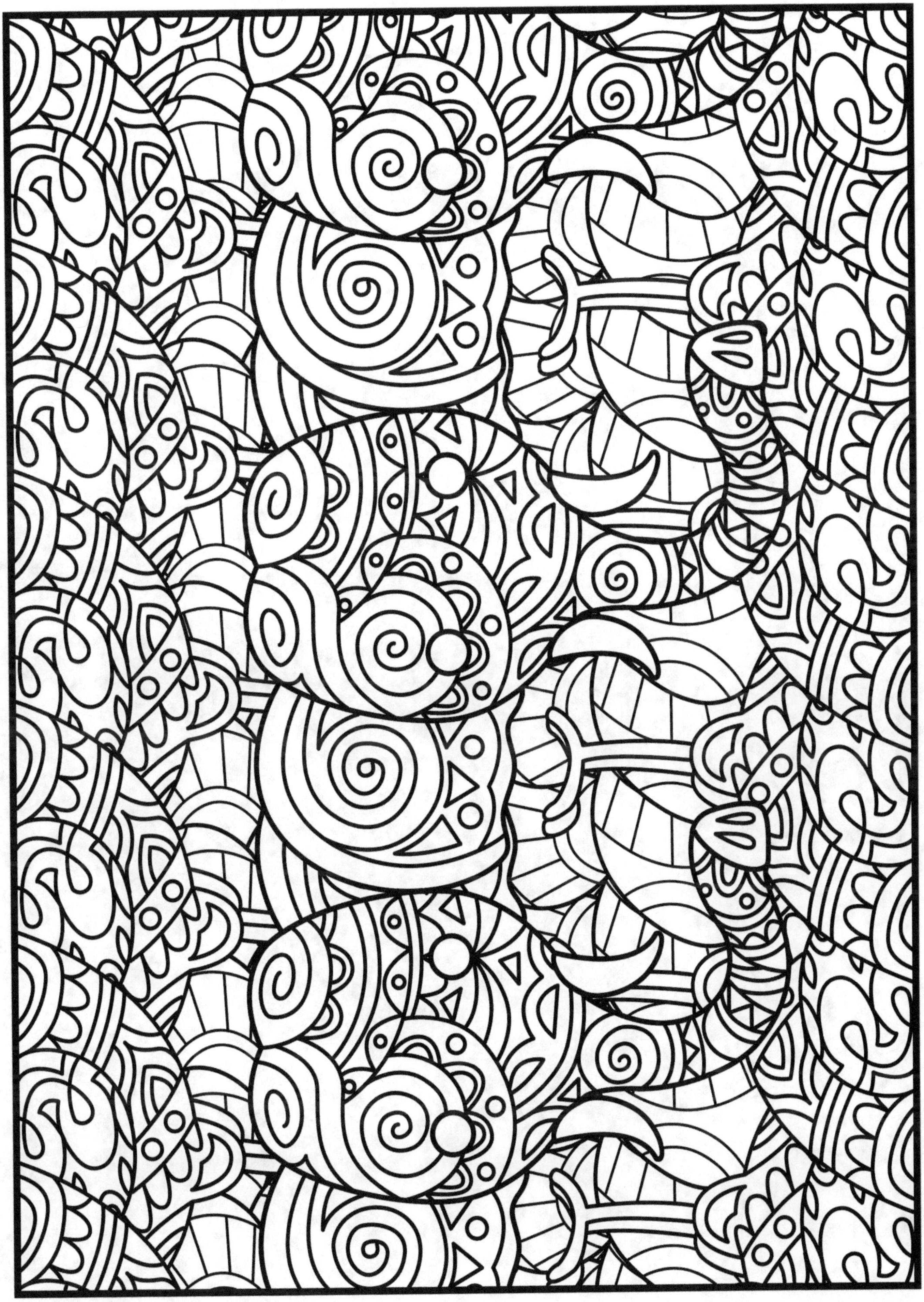

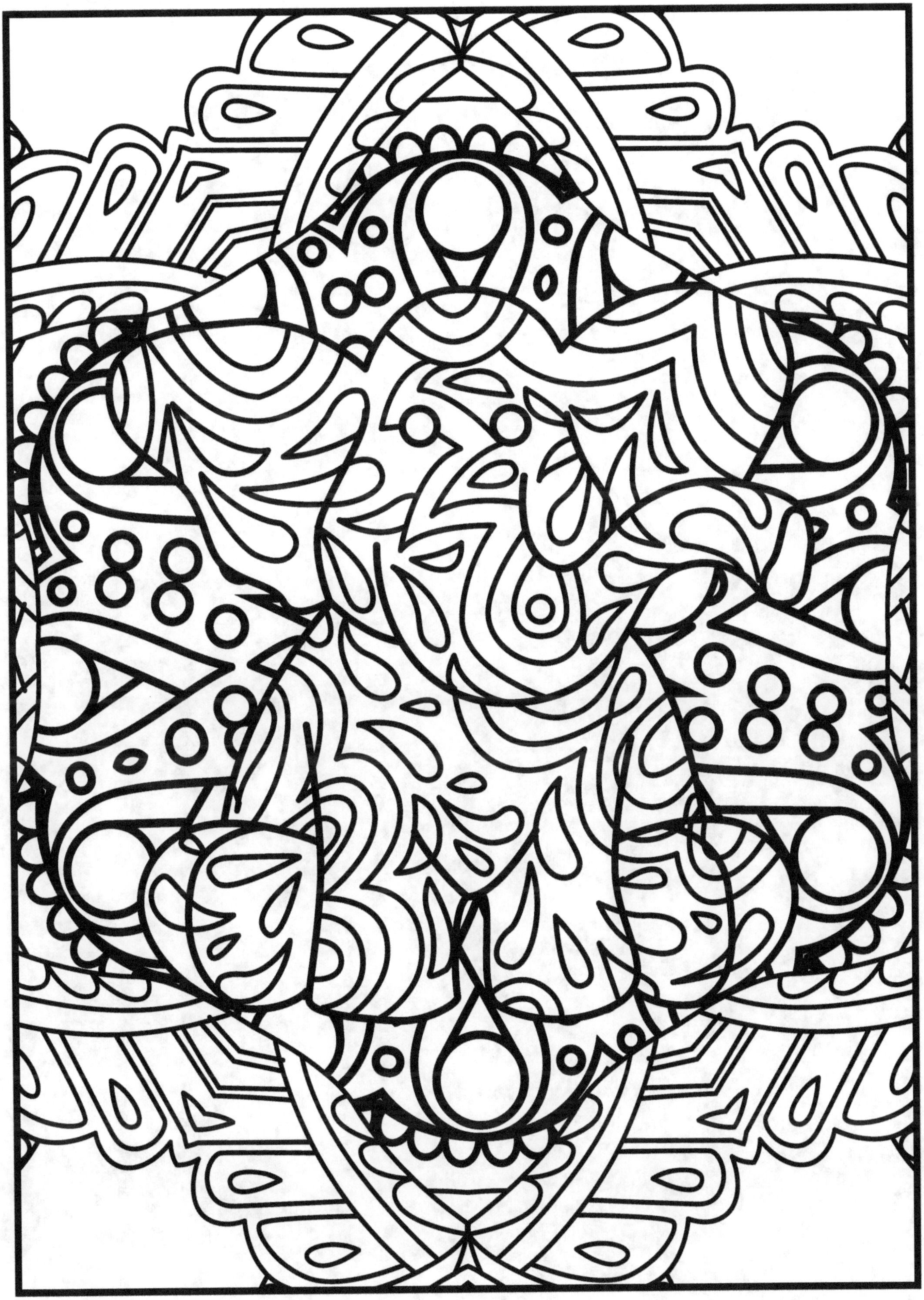

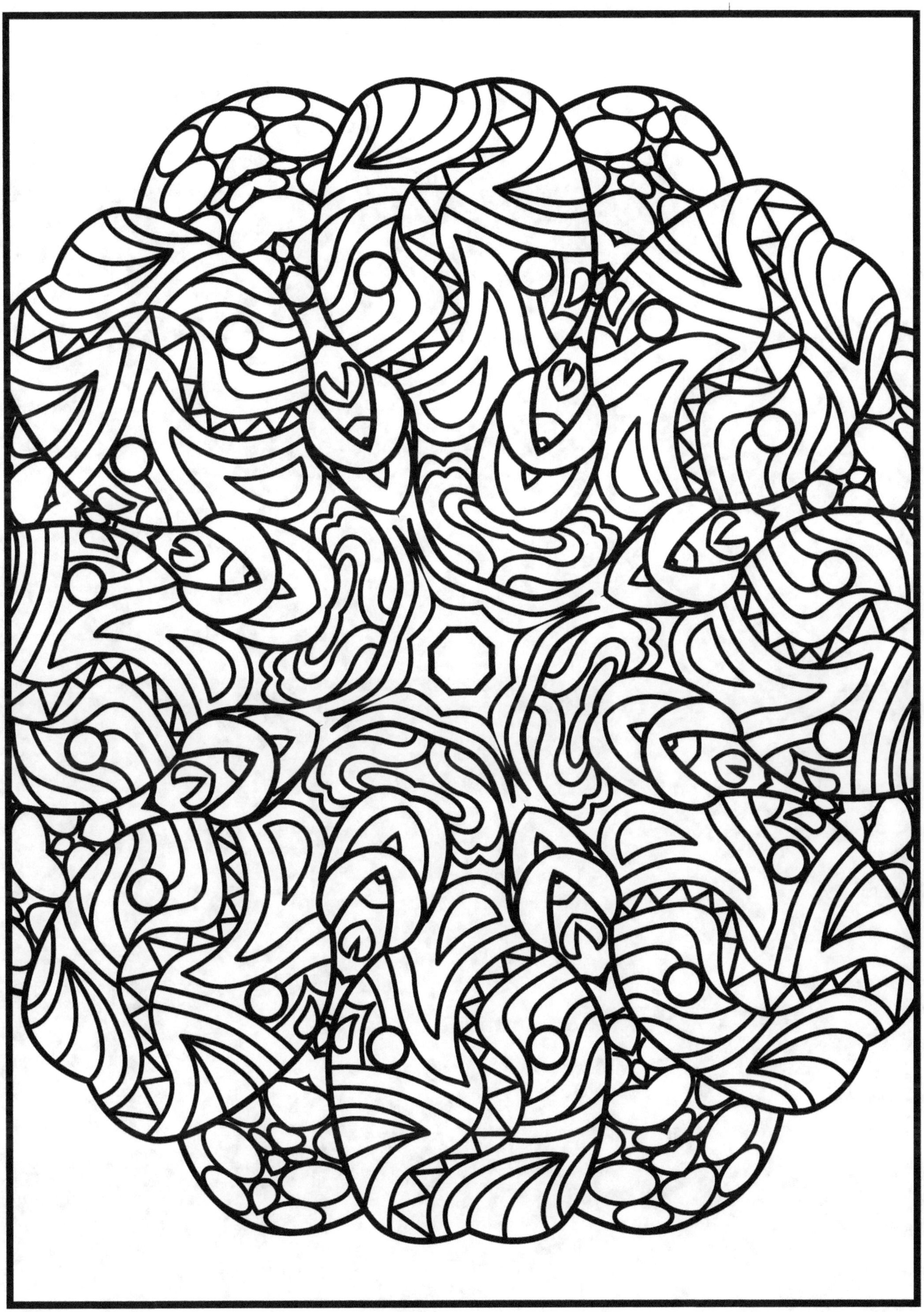

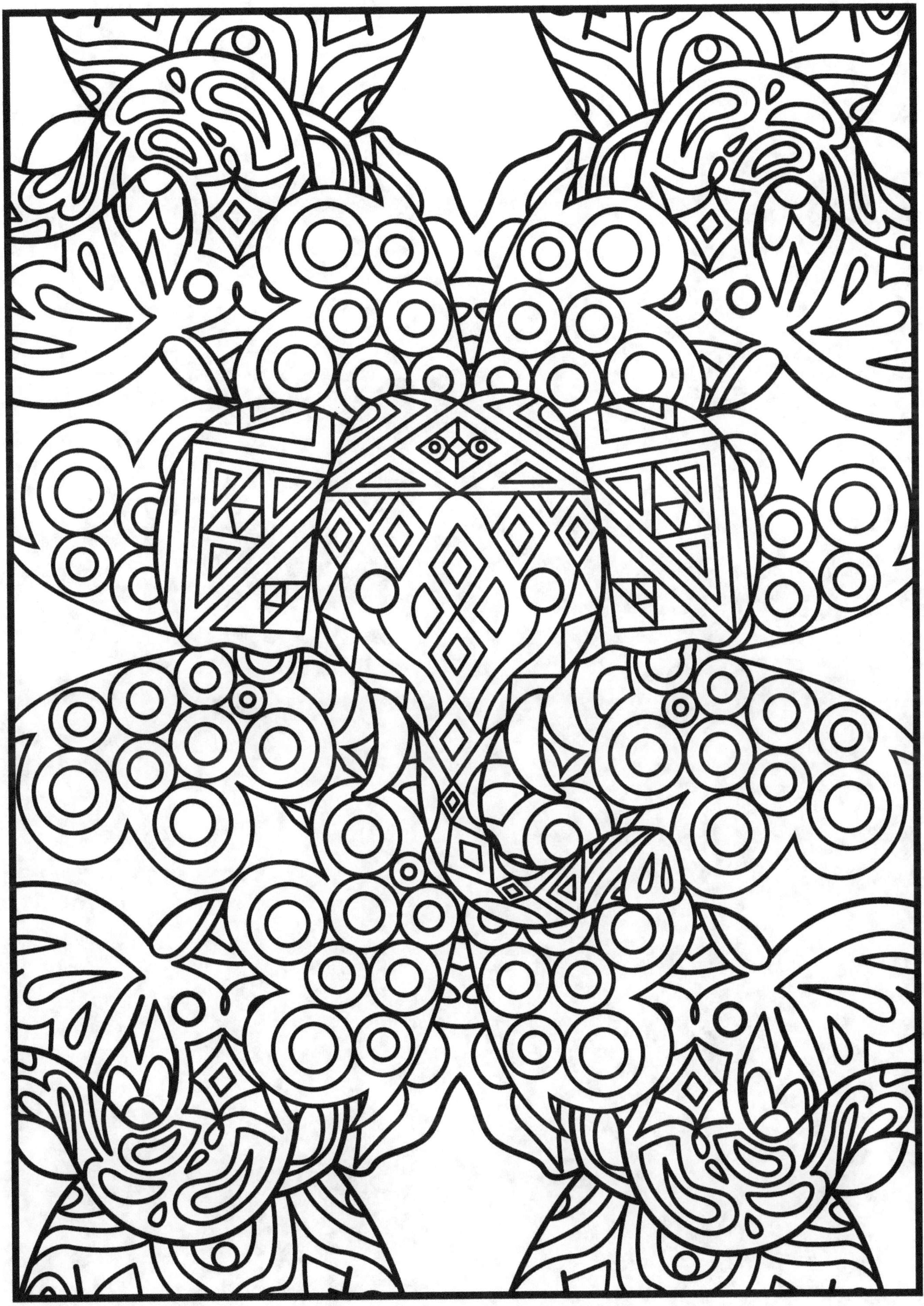

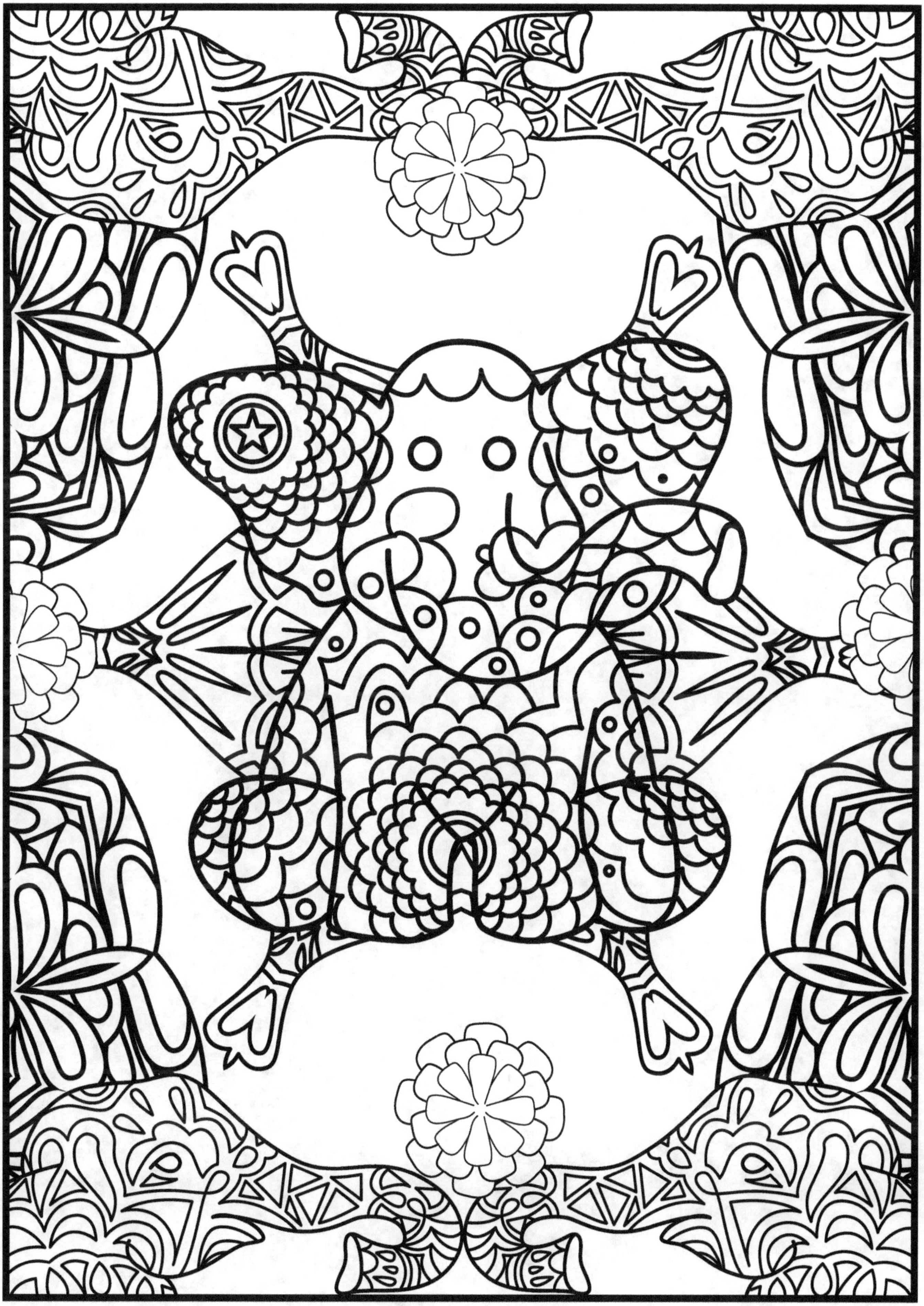

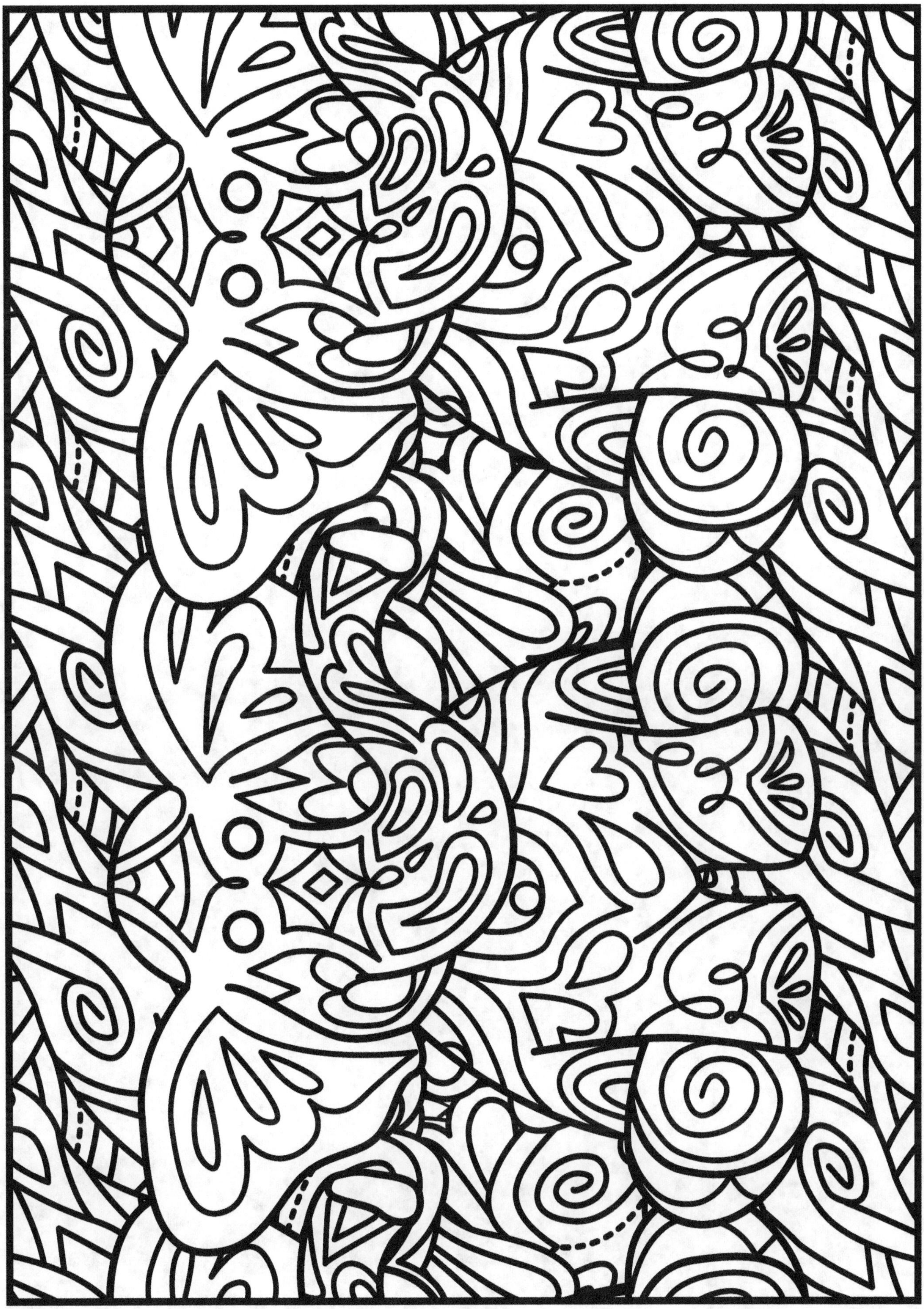

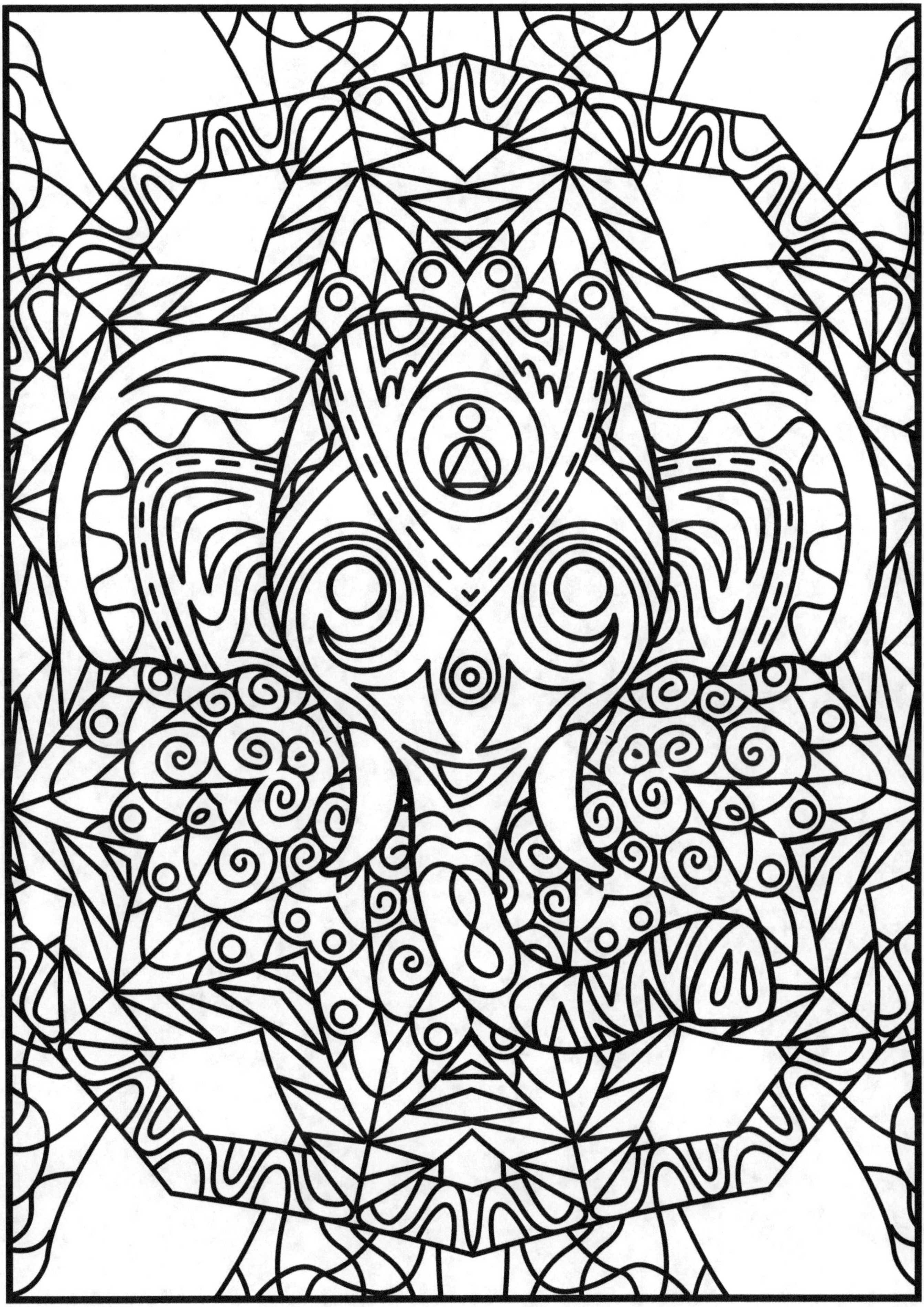

www.ingramcontent.com/pod-product-compliance
Lightning Source LLC
Chambersburg PA
CBHW081312170526
45166CB00011B/3502
* 9 7 8 1 5 1 9 5 9 0 4 4 2 *